Roman Zirngibl

Roman Zirngibls

Abhandlung über die Reihe und Regierungsfolge

Roman Zirngibl

Roman Zirngibls
Abhandlung über die Reihe und Regierungsfolge

ISBN/EAN: 9783744608855

Hergestellt in Europa, USA, Kanada, Australien, Japan

Cover: Foto ©ninafisch / pixelio.de

Weitere Bücher finden Sie auf **www.hansebooks.com**

Roman Zirngibls,
Benediktiners in dem fürstl. Reichsstifte St. Emmeram, kurpfalzb. wirkl. geistl. Rathes, und Mitgliedes

der

baierischen Akademie der Wissenschaften in München,

Abhandlung

über die

Reihe und Regierungsfolge

der

gefürsteten Aebtißinnen

in Obermünster.

Regensburg, gedruckt bey Anton Lang, hochfürstl. bischöfl. Hofbuchdrucker.
1787.

N. 890.

Katalog der Aebtißinnen in Obermünster ꝛc.

Imprimatur.

Reg. fol. 142.

Sig. München im kurfürstl. Bücher-
Censur-Collegium den 15. Sept.
1787.

Franz Xav. Graf,
wirklicher Rath, und Sekretär, mpp.

Combien de monuments nationnaux dans tous les genres on etés vus avec indifference, et meriteroient l' examen le plus attentif?

Monf. le comte du Buat dans le difcurs academique.

Vorrede.

Vor etlichen Jahren schon waren die ersten Züge gegenwärtiger Abhandlung entworfen. Die kurpfalzbaierische Akademie der Wissenschaften in München wollte ihr in ihrer Sammlung einen Platz anweisen. Allein ich bath um die Zurückgabe derselben, weil man mir die baldige Erscheinung der vollkommenen diplomatischen Geschichte des fürstlichen Reichsstifts Obermünster vorsagte.

Unterdessen theilte mir ein rechtschaffener, gelehrter, und guter Freund viele Urkunden, welche die Lage des Reichsstifts Obermünster im 14= und 15ten Jahrhundert schildern, und in welchen die vornehmsten baierischen Geschlechter auftreten, gefälligst mit. Die genaue Prüfung dieser Urkunden bewog mich den verworfenen Katalog der obermünsterischen Aebtißinnen wieder hervorzusuchen, und denselben gemäß der reichen Entdeckungen, zu welchen mir die durchgedachten Urkunden den Weg bahnten, zu vermehren. Daher rührt es, daß ich in den nämlichen Jahrhunderten weitschichtiger bin.

Nun entschloß ich mich den vermehrten Katalog dem Drucke zu übergeben. Man kann ihn als einen Vorgeschmack der diplomatischen Geschichte ansehen. — Aber warum unterziehe ich mich einem Gegenstande, der außer meiner Sphäre zu seyn scheint? Deßwegen, damit man nach Verfluß so vieler Jahrhunderte doch auch einmal die Geschichte eines Stiftes, welches sich so sehr theils durch

durch sein graues Alter, theils durch seine allzeit adelichen Einwohner empfiehlt, näher kennen lerne. Zudem weil ich wohl merke, daß noch viele Jahre vorübergehen werden, bis die diplomatische Geschichte reif wird, zuförderst, wenn ein Mann dieselbe bearbeitet, der durch seine täglichen Berufsgeschäfte in der Arbeit gestöret wird. Wie wünschte ich dem unbefangenen Publikum in Rücksicht auf die Stifter Nieder = und Mittelmünster, welche beyde dem obermünsterischen an Alter, Merkwürdigkeiten, und Seltenheiten wenig nachgeben, den nämlichen Dienst erweisen zu können!

Ich wage also diesen Schritt um so ruhiger, je mehr ich überzeugt bin, daß die Gesinnungen, die ich gegen das fürstliche Reichsstift Obermünster hege, redlich, und rühmlich sind. Wollte man doch meinen ungehäuchelten, und geraden Absichten, wider mein Vermuthen, eine falsche Richtung geben; so würde ich dadurch hinlänglich schadlos gehalten werden, daß wahre gelehrte, und denkende Kenner meinen reinen Zweck nie verkennen, und meiner gewiß mühevollen Arbeit Gerechtigkeit widerfahren lassen werden.

Ich bediene mich meistentheils der in den Urkunden vorkommenden Ausdrücke. Wenn ich also das heutige adeliche Reichsstift Obermünster, ein Kloster, die darinne regular lebenden Damen, Nonnen, die Religiosen, Mönche, oder Gehorsame, die Canonicos, Kniche nenne; so ist dieß die Sprache der Urkunden, die deutsche Sprache, folglich die Sprache der Wahrheit. Weit von mir, daß ich dadurch jemanden zu nahe treten wolle.

Uebrigens habe ich diejenigen Urkunden, welche einzusehen ich das Glück hatte, genau durchstudirt, und die darinne gefundenen Neuheiten bis auf den mindesten Umstand richtig, und getreu benützet.

Reihe der Aebtißinnen, und Fürstinnen in Obermünster.

Im neunten, und zehnten Jahrhundert.

Hemma Stifterinn O. 7 Hornung nach dem obermünsterischen Todtenbuche. §. §. I. — IV.
Chunegundis §. V.
Gisila O. 1 Jul.
Beatrix, Sophia, Hellwig. — Richkard O. 26 Oct. — Wisintin O. 6. Dec. §. VI.

Im eilften Jahrhundert.

Wichburg um das Jahr 1010 — 1029. — O. 21 Jän. — §. VIII.
Willa um das Jahr 1052 — 1073. — §. IX.
Hazicha um das Jahr 1099. — O. 29 Jän. — §. X.

Im zwölften Jahrhundert.

Hadamuth um das Jahr 1110 — 1117. — O. 7 oder 8 May. — §. XI.
Vielleicht Eulica, oder eine andre bisher unbekannte — §. XII.
Hedwig um das Jahr 1142 — 1177. — O. 7 oder 14 März. — §. XIII.
Eufemia — O. 15 Aug. oder 15 Sept. — §. XIV.

Im dreyzehnten Jahrhundert.

Salome um das Jahr 1209. — O. 1 April — §. XV.
Gertrudis um das Jahr 1216. — §. §. XVI, XVII.
Mathildis von Neuffe um das Jahr 1219 — 1225. — §. XVIII.
Richza I von Dornberg um das Jahr 1227 — 1253 — O. 1 Sept. — §. XIX.
Wiltwig von Leuchtenberg um das Jahr 1272. — §. XX.
Richza II von Lichtenberg — O. 1292. 22 Sept. — §. XXI.
Jutta — O. 1295. — §. XXII.

Im vierzehnten Jahrhundert.

Alheidis I um das Jahr 1298. — 1304. — O. 1309. — §. XXIII.
Bertha Wallerinn vom Jahre 1310 — 1324. — O. 24 Aug. — § XXIV.
Irmgard Rohrbeckinn — O. 1335 vor dem St. Magdalena Festtag. — §. XXV.
Alheidis II von Stauf — O. 1347. — §. XXVI.

Elisabetha I von Parsperg — O. 12 Dec. 1364. — §. XXVII.
Agnes I von Puchberg — O. 27 Junii. — §. XXVIII.
Katharina I Murhärinn — O. 1371 oder zu Anfang des Jahrs 1372.— §. XXVIIII.
Agnes II von Munebach — O. 19 Nov. 1380. — §. XXX.
Margaretha I Hoferinn — resignirt 29 Nov. 1383. — §. XXXI.
Elisabetha II Murhärinn — O. 18 März. 1404. — §§. XXXII. — XXXV.

Im fünfzehnten Jahrhundert.

Margaretha II Satelbogn — O. 14 Horn. 1435. §. §. XXXVI — XL.
Barbara I von Absperg — O. 17 Nov. 1456. — §. XLI.
Kunegundis von Eglofstein — O. 30 Dec. 1479. — §. XLII.
Sibilla von Paulstorf — O. 29 Aug. 1505. — §. XLIII.

Im sechszehnten Jahrhundert.

Katharina II von Rädwitz — O. 27 Nov. 1533. — §. XLIV.
Wandula von Schaumberg — O. 19 Nov. 1545. — §. XLV.
Barbara II von Sandizel — O. 11 Sept. 1564. — §. XLVI.
Barbara III Rätzinn — O. 17 Jän. 1579. — §. XLVII.
Magdalena I von Gleissenthal — O. 9 März. 1597. — §. XLVIII.

Im siebenzehnten Jahrhundert.

Dorothea von Dobeneck — abgesetzt 1607. — O. 26 Sept. 1623. — §. XLIX.
Praxedis von Perchhausen — O. 15 März. 1649. — §. L.
Elisabeth III von Salis — O. 4 Oct. 1683. — §. LI.

Im achtzehnten Jahrhundert.

Maria Theresia von Sandizel — O. 13 Oct. 1719. — §. LII.
Magdalena II von Dondorf — O. 11 Jul. 1765. — §. LIII.
Maria Francisca von Freudenberg — O. 7 Oct. 1775. — §. LIV.
Maria Josepha Felicitas von Neuenstein — 21 Nov. 1775 gewählt. — §. LV.

Vivat diu, felix, incolumis.

§. I.

§. I.

Obermünster wird in seinen ersten Urkunden ein Frauenkloster genannt. Heute wird es von weltlichen adelichen Damen bewohnet. Aus dieser Ursache, und wegen seiner Verbindung mit dem deutschen Reiche wird es ein weltliches adeliches Reichsstift betitelt. Unter dem Namen eines Klosters, welches von dem ersten Augenblicke seines Ursprunges an vorzüglich adelichen Jungfrauen zur Freystätte ihrer Unschuld diente (Sanctimonialibus a) war es schon nach dem Anfange des neunten Jahrhundertes bekannt.

Die Stifterinn dieses Münsters war die Königinn Hemma, Gemahlinn Ludwigs des Deutschen. Kalendis Martii a. 831 war es in einem so vollkommenen Stande, daß es den Namen eines Klosters in jeder Rücksicht verdiente. Doch scheint es, daß die Nonnen noch keine eigne Aebtißinn vor dieser Epoche gehabt haben.

Die großmüthige Stifterinn bath im Jahre 831 ihren Gemahl, das Münster, welches bisher eine Kommende (Tafelaut) des regensburgischen Bischofes Baturik war, frey zu machen. Ludwig willigte in die Bitte seiner Gemahlinn, und in das einstimmige Verlangen der vornehmsten Fürsten des Reichs. Er machte das Lieblingsstift seiner Gattinn frey, und zu einem königlichen Klöster (regale monasterium b). Den durch diese Neuerung

rung dem Bisthume zugewachsenen Schaden ersetzte der König auf der Stelle. Das bisher freye Benediktinerkloster Mondsee mußte statt des Münsters hinfür als eine Kommende dienen, und sich als ein Tafelgut benützen lassen c).

Meines Wissens ist das ludwigische Diplom das älteste Dokument, so von dem Stifte Obermünster Zeugniß giebt, und zugleich das merkwürdigste, welches desto mehr Achtung verdient, je klärer uns dadurch die erste Gestalt des Stiftes, und die mit ihm getroffene Abänderung vor Augen gelegt wird d).

a) Was dieses Wort Sanctimonialis im 9ten und vorhergehenden Jahrhunderten in unserm Vaterlande sagen wollte, lernen wir aus den altbaierischen Gesetzen. Siquis, sagen sie, Tit. I. cap. 12. sanctimonialem, id est, Deo dicatam de monasterio traxerit etc. Vide in editione nouiss. cap. reg. francic. D. de Chiniac Tom. I, pag. 100.

b) Von den Vorrechten der königlichen Klöster handelt Thomassinus de veteri, et noua disciplina part. I, lib. III, cap. 35, N. 1. etc. und du Cange gloss. med. et infim. lat. Tom. II, part. II, col. 679.

c) Den Bischöfen zu Regensburg dienten im 9ten Jahrhunderte mehrere Klöster als Tafelgüter. Haußi in prodromo tom. III Germ. sac. pag. 32 handelt davon. Die Bischöfe hatten das Recht, die Aebte dieser Klöster nach Gutbefinden einzusetzen. Mondsee erhielt das freye Wahlrecht eines Abtes vom Pabste Innocenz II. im Jahre 1142. Chron. lunaelac. pag. 521. Und diese Epoche war vermuthlich der Zeitpunkt, in welchem die bisherige Eigenschaft einer unangenehmen Kommende in ein Lehen, welches von dem Kloster Mondsee heut zu Tage noch in den von den Lehenrechten vorgeschriebenen Fällen bey dem Hochstifte Regensburg gesucht wird, hinübergieng.

d) Das ludwigische Diplom wird in dem Stifte St. Emmeram seit achthundert Jahren aufbewahret. Unsere Väter haben es in die Sammlung emmeramischer Urkunden (codicem diplomaticum) eingetragen, und Pezius hat es schon längst dem Publikum mitgetheilt. Thes. anecdot. tom. I, part. III, col. 16. Der Herausgeber des emmeramischen Mausoläum part. II, pag. 38 hat eine verbesserte Abschrift davon geliefert, und die widersprechenden chronologischen Zeichen vereiniget. Ulrich Kanonikus zur alten Kapelle irret sich sehr, wenn er bey Oefele rer. boic. script. tom. I, pag. 357 glaubt, daß die Austauschung des Münsters gegen Mondsee im Jahre 814 vor sich gegangen sey. Jedermann weiß es, daß damals weder Ludwig, noch Hemma in Baiern herrschte. Sein Zweifel, was für eines Karls Mutter Hemma gewesen ist, ist eine Folge der verfehlten Tauschesepoche, und eine Probe seiner historischen Unrichtigkeit.

§. II.

§. II.

Was könnte man wahrscheinlicher muthmaßen, als daß die Befreyung des Klosters von einer verhaßten Kommende den Grundstein zur freyen Wahl einer eignen Aebtißinn gelegt habe? Allein da in dem über den Tausch vom Könige Ludwig ausgestellten Diplome hievon nichts gemeldet wird, so wollen auch wir mit einer zu voreiligen Vermuthung unsere Leser nicht täuschen. Dieß scheint mir doch gewiß zu seyn, daß, wenn dem Kloster nicht eine eigne Aebtißinn vorgestanden ist, wenigstens die Stifterinn Hemma, so lange sie lebte, von der Oberaufsicht über dasselbe nicht ohne Unbild ausgeschlossen werden könne.

Nachdem nun die Freyheit verliehen war, beschäftigte sich Hemma mit Niederreißung der niedrigen, und unangesehenen Mauern des Klosters, und mit Aufführung herrlicher Wohnungen für die Gott geweihten Jungfrauen. Sie bereicherte das neue Stift mit Schankungen, und neuen Einkünften a), und wählte darinn ihre Ruhstätte nach ihrem Tode. Sie starb an der Gicht, an welcher Krankheit sie über zwey Jahre darnieder lag b).

Karl der Dicke sagt ausdrücklich in seinem Diplome, daß seine Mutter in dem von ihr gestifteten Münster ruhe. Ein ungemein schöner Marmor bedeckt noch heut zu Tage den Staub dieser frommen Prinzeßinn, und das Diplom giebt ein treffliches Zeugniß von der wahren Lage der Grabstätte.

Graf Hermann, Mönch zu Reichenau, widerspricht zwar in seinen Jahrbüchern auf das Jahr 877 dem Diplome. Er sucht die Gebeine dieser Königinn in St. Emmeram. Wirklich herrscht itzt noch in dem emmeramischen Kloster die Tradition der allda geschehen seyn sollenden Beerdigung derselben. Diese von unsern Vorfahrern abstammende Erblehre mag sich vielleicht nur auf das bloße Zeugniß Hermanns, und auf das emmeramische Todtenbuch gründen. Letzteres spricht so: II. Kalendis Feb. Hemma regina obiit, hic sepulta circa aram S. Achatii. In der Stiftskirche sieht man noch immer ein in Stein gehauenes Bildniß an dem Orte, wo ehedem der

Altar des heiligen Achaz stund. Dieses Grabmaal ist dem Andenken der bey St. Emmeram begrabenen Hemma gewidmet, und dem in Ingelheim existirenden Epitaphium der Gemahlinn Karls des Großen, Hildegard, außer dem Scheine um das Haupt, der unsrer Figur mangelt, ähnlich c). Oberhalb des gekrönten Hauptes liest man folgende von einer unwissenden Hand hingeschriebene Aufschrift: B. Hemma Hispana Ludovici Regis Bavariae coniux, Fundatrix superioris monasterii hic sepulta ao. 876.

So richtig diese Proben sind, so sind sie doch nicht so mächtig, das Ansehen des karolingischen ächten Diplomes, und die obermünsterische daraus geschöpfte Ueberlieferung entkräften zu können. Der königliche Sohn wird ja doch gewußt haben, wohin seine Mutter begraben worden.

Ich stimme dem Aventin bey, welcher das erwähnte Bildniß als ein Zeichen der bey St. Emmeram begrabenen Kaiserinn Uta, der Gemahlinn des Kaisers Arnolf ansieht d).

Die Muthmaßung des emmeramischen Mausoläum e), als ob diese Gebeine der Hemma von St. Emmeram, wo sie anfangs sollen beygelegt worden seyn, mit der Zeit nach Obermünster wären gebracht worden, hält gar keine Probe aus. Wer wird glauben, daß in so kurzem Zeitumlaufe eine so wichtige Abänderung mit dem noch nicht verwesten Körper der Königinn vorgenommen worden seyn soll? In dieser Hypothese wären ihre Gebeine im Jahre 876 bey St. Emmeram begraben, vor dem Jahre 886 als dem ursprünglichen des karolingischen Diplomes aber schon nach Obermünster gebracht worden. Was soll die Ursache einer so eilfertigen Uebersetzung gewesen seyn? Den ganzen Streit würde die Eröffnung der Grabstätte der Hemma in Obermünster mit einemmale entscheiden. Vielleicht würde unter dem Haupte der Königinn ein bleyernes Täfelchen, oder ein Stein, auf welchem der Name der Verstorbenen, ihr Charakter, das Jahr, und der Tag ihres Hinscheidens angemerket sind, zu finden seyn. Denn so pflog man in dem 9ten Jahrhunderte das Andenken der Prinzen und Prinzeßinnen wider die Vergessenheit zu schützen, und ihre Grabstätte auszurüsten f).

a) Lau-

a) Laurent. Hochwart apud Oef. rer. boic. script. tom. I, pag. 171.
b) Reginonis annales. Vide excerpta Strindelii apud Oef. cit. loc. et tom. pag. 554.
c) Acta Academiae Theodoro-palatinae. tom. I, pag. 307.
d) Annal. boic. lib. IV, pag. 442.
e) Mauf. S. Emmer. neueste Ausgabe, part. I, pag. 115.
f) In der That versocht Christoph Hofmann, Mönch und Priester zu St. Emmeram, mit gar zu vielem Eifer, daß Hemma In St. Emmeram begraben worden sey. In hist. episc. ratisb. apud Oef. rer. boic. script. tom. I, pag. 554. Er bringt ein altes Manuskript hervor, welches sagt: Anno Domini MCLXVIII Inventio corporis Hemmae Reginae facta est nonas Maii. Nach dem Vorgeben dieses Manuskripts wäre also der Körper der Königin Hemma zu den Zeiten des Abtes Adalbert, unter welchem das Kloster zweymal im Jahre 1163, und 1166 ein Raub der wüthenden Flammen wurde, gefunden worden. Ich streite ihm nicht an, daß bey Abbrechung der verbrannten Mauern Todtengerippe gefunden worden sind. Aus was für einem authentischen Wahrzeichen nahm man es aber ab, daß einer von den gefundenen Körpern gerade der Körper der Hemma gewesen sey? Dieß verschweigt das unschuldige Manuskript.

Dieser Streit war dem Domherrn Hochwart nicht unbekannt, er hält aber für diesmal sein Urtheil zurück; es würde selbes für St. Emmeram, das er öfters in seinen Schriften aus Parteylichkeit trefflich herabzusetzen sich bestrebet, gewiß nicht günstig ausgefallen seyn.

§. III.

Es läßt sich nicht läugnen, daß Obermünster, wo nicht seit dem Jahre 831, doch wenigstens von Karl des Dicken Zeiten an, und unmittelbar nach dem Tode der Königinn Hemma seine eigne Aebtißinnen in einer ununterbrochenen Reihe gehabt habe. Dieß läßt sich aus dem karolingischen Diplome beweisen *a*). Der Kaiser befiehlt, daß nach dem Tode der Aebtißinn die Schwestern eine andere, die der abteylichen Würde fähig wäre, wählen sollten. Das Diplom trägt die Epoche vom Jahre 886: folglich stund zu dieser Zeit dem Münster eine regierende Aebtißinn vor. Vielleicht wurde sie gleich nach erfolgtem Hinscheiden der Hemma, welche einige für die erste Aebtißinn halten, gewählet.

Es wurden nebst der freyen Wahl noch andere vielsagende Privilegien in dem kaiserlichen Diplome dem königlichen Kloster gegeben. Man
kann

kann sie als die allgemeinen Vorrechte der königlichen Klöster ansehen. Sie sind folgende.

Weder der regierende Fürst, weder der Bischof sollen sich der freyen Wahl einer Aebtißinn widersetzen, noch bey dem wirklichen Wahlgeschäfte einiges Beschwerniß machen.

Niemand, kein königlicher Beamter, kein Gaugraf, kein Herzog, nicht einmal der König oder Kaiser soll die Macht haben, etwas im Kloster zu befehlen, oder einen Zins von demselben zu erheben.

Kein anderer, als der von der Aebtißinn, und den adelichen Schwestern frey erwählte Advokat, soll sich um das Mundiburd (Schutzamt) über das Kloster annehmen.

Der Advokat soll umsonst dienen, oder wenigstens könne er auf keine andere, als auf die von der Aebtißinn, und ihrem adelichen Kapitel frey zugestandenen advokatischen Vortheile, Vorzüge, und Vorrechte Anspruch machen *b*).

So vortheilhaft dieser Gnadenbrief für das Münster aussah, so nachdrücklich wurden alle darinn enthaltene Punkte den Großen des Reiches zur Beobachtung eingeschärfet. Ist wohl was anders zu vermuthen, als daß eine genaue Folgeleistung dem Befehle des Kaisers entsprochen, und da die freye Wahl der wichtigste Vortheil für das Münster war, dieses sich sorgfältig an das kaiserliche Diplom in Rücksicht auf dieses Geschäft gehalten habe?

a) Das Diplom Karl des Dicken suchte meines Erachtens Laurentius Hochwart zum ersten aus dem Archive hervor. Man findet es in seinem Katalog der Bischöfe von Regensburg. Sieh Oef. rer. boic. script. tom. I, pag. 171. Hund erinnert sich auch desselben tom. III, metrop. salisb. pag. 1. Noch zu Christoph Hofmanne Zeiten glaubte man in Münster, Karl der Große wäre Urheber dieses Diploms, und Hemma die Mutter desselben gewesen. Der letzte Fehler war eine Frucht des ersten.

b) In der herauszugebenden obermünsterischen Geschichte wird doch etwas weniges von den Advokaten des Stiftes, von ihren Verrichtungen, und Vorzügen gemeldet werden. Dem sonst einsichtsvollen Hansi, kann man billig einen Vorwurf machen, daß er nicht weitläufiger von den salzburgischen und passauischen Advokaten, welche doch eine wichtige Rolle bey beyden Kirchen gespielt haben, abhandelt.

§. IV.

Es ist also gewiß, daß, wo nicht eher, doch wenigstens von dem seligen Hintritte der Hemma an, Obermünster seine eignen Aebtißinnen, und diese in einer immerwährenden, und unverrückten Reihe bis auf unsere Zeiten fort gehabt habe. So sehr ich für dieses gut stehen kann, so wenig kann ich in Erzählung so wohl der Namen der Aebtißinnen, als ihrer richtigen Folge bis auf die Aebtißinn Vicburg, die im Anfange des eilften Jahrhundertes erscheint, Rechenschaft geben. Es sind zwar einige Aebtißinnen bekannt, die sicher zu Ende des neunten, oder im zehnten Jahrhunderte gelebt haben. Aber wie sie auf einander folgen, und welcher Platz ihnen in dem leerstehenden Säkulum einzuräumen sey, bin ich nicht im Stande zu sagen.

In einem Zeitraume also von 125 Jahren ist alles dunkel. Um alles zu thun was Licht in dieser Epoche verbreiten kann, will ich die Namen jener Aebtißinnen hersetzen, von welchen ich überzeuget bin, daß sie hieher gehören a).

a) Hund Metrop. Salis. tom. III, pag. 6 liefert eine Liste der obermünsterischen Aebtißinnen. Katharina Praxedis von Perkhausen theilte ihm selbe mit. Sie sieht sehr verworren aus. Die Unordnung davon ist weder dem Hund, weder seiner Wohlthäterinn der Aebtißinn auf ihre Rechnung zu geben, sondern demjenigen, der auf Befehl derselben die Reihe der Aebtißinnen zusammen suchte, und dem es am erforderlichen Fleiße, oder an nöthiger Kenntniß gemangelt haben mag, zuzuschreiben.

§. V.

Welche sind die Aebtißinnen, die zum Ausgange des neunten, und zum zehnten Jahrhunderte gehören?

Es kommen im Todtenbuche vom 12 Jahrhunderte a) die Namen mancher Frauen vor, deren einige ganz gewiß Aebtißinnen in Obermünster gewesen sind. Der Sterbtag der meisten ist angemerket b). Ich erinnere mich nur derjenigen, die mit dem Titel Aebtißinn beehret sind.

Chune-

Chunegund Abba inter Fundatores et Benefactores.
Adalheit Abba III Kl. Febr.
Friderun Abba obiit XVII Kl. Iun.
Trutta Abba ex nõis II Id. Iul.
Gerlind Abba obiit VIII Kl. Sept.
Waltpurg Abba ex nõis VII Idus Oct.
Mathild Abba Soror nora VI Idus Oct.
Wentilmund Abba VIIII Kl. Nov.

Die erste, nämlich Kunegund scheint mit unter den obermünsterischen Aebtißinnen einen sichern Platz zu verdienen. Erstens wird sie unter die Stifter, und Wohlthäter des Münsters mit dem Prädikate einer Aebtißinn gerechnet. Zweytens wird in dem Todtenbuche und Kirchenkalender des Stiftes Niedermünster, welche Stücke Freyherr von Zurlauben in dem fürstlichen Stifte Muri entdecket, und der gelehrte Fürst zu St. Blasius c) in Druck gegeben hat, zwoer Aebtißinnen gedacht, die eben den nämlichen Namen Kunegund tragen. Da aber im Stifte Niedermünster nur eine diesen Namen führte, so läßt sich sehr wahrscheinlich schließen, daß das Nekrologium unter einer von beyden die Obermünsterische verstehe. Der Tod der Einen wird Kal. Ianuarii d der Andern quarto Kal. Oct. e) gesetzet. Einer aus diesen zweenen Tagen ist der Sterbtag unsrer Kunegund, welche wegen dem nämlichen Berufe, und Pflichten, welche Niedermünster mit Obermünster gemein hatte, in das Todtenbuch des Erstern nach damaliger Gewohnheit eingetragen worden ist.

Ich stehe an, ob Trutta, Waltpura f) und Mathild g) nicht den ersten obermünsterischen Aebtißinnen beyzuzählen sind. Soll uns nicht der Ausdruck Abba ex nostris, Abba soror nostra auf dieses Urtheil führen?

Adelheit, und Friderun gehören nicht hieher. Beyde sind vielmehr Aebtißinnen in Niedermünster gewesen, in dessen Todtenbuche sie auch mit dem abteylichen Charaktere auftreten. In das obermünsterische Nekrologium sind sie nur wegen des mit Niedermünster eingegangenen Bündnisses fes eingetragen worden; wie aus der nämlichen Ursache einige Aebtißinnen von Ober, und Niedermünster in den emmeramischen, und im Gegentheile einige Aebte von St. Emmeram in die münsterischen Todtenkalender eingeschrieben worden sind.

In Rücksicht auf die Gerlind, und Wentilmund sind, und bleiben wir unschlüßig.

a) Dieses Todtenbuch ist vermuthlich aus einem noch ältern damals vorhandenen abgeschrieben, und nach der Hand weiter fortgesetzet worden.

b) Die Geschichtsforscher wissen es, wie weit den Todtenkalendern in Anzeigung und Vormerkung der Sterbtage zu trauen ist.

c) Monumenta liturgiae Alemannicae, vol. I, pag. 492.

d) Ibidem cit. vol. et pag.

e) Ibidem cit. vol. pag. 498.

f) Die Aebtißinn Waltpurg kömmt in dem emmeramischen Todtenbuche vor. Ihr Gedächtniß ist so eingetragen: II Kal. Dec. Waltburg Abbatissa obiit. Nur der verschiebene Sterbtag in dem emmeramischen und obermünsterischen Nekrologium macht uns Beschwerniß. Allein da dieses, wie jenes, das Gepräge des zwölften Jahrhundertes trägt, und in dem emmeramischen seiner Klosterfrau, als nur der dreyen münsterischen gedacht wird, so ist zu vermuthen, daß beyde von der nämlichen Walburg Zeugniß geben wollen. Einer von den beyden Kopisten hat den ächten Sterbtag verfehlet.

g) Auch dieser Mathild wird in dem emmeramischen Todtenbuche gedacht: II Kal. Nov. obiit Mathild Abbatissa. Wir wollen es dem Verfasser vergeben, daß er den Ort, wo sie Aebtißinn war, auszudrücken unterlassen hat.

§. VI.

Zu Ende des erwähnten Kalenders, und Todtenbuches ist ein Verzeichniß der zu Obermünster lebenden Schwestern zu finden. In diesem werden als gewisse Aebtißinnen folgende angegeben:

Gisila Abba a).
Beatrix Abba.
Sophia Abba.
Heilwig Abba.

Nur Schade, daß man weder die Jahre ihres Antrittes, noch Hintrittes kennt, um sie in die gehörige Ordnung stellen zu können.

Nach einer Reihe von 17 M. (Klosterfrauen) läßt sich eine Hajicha sehen, von welcher ich §. X. reden werde. Weiters kommen in dem angeführten obermünsterischen Nekrologium als gewisse Aebtißinnen vor:

Rihkard Abba hui Coenobii VI Kal. Nov. *b*).

Wisintin Abba hui Coenobii VIII Id. Dec.)

und in dem weltenburgischen Todtenbuche *c*)

Eulica Abba de monasterio superiori III Non. Iul.

Vielleicht gehört aber diese in das zwölfte Jahrhundert hinein. Es ist ohnehin zwischen den Aebtißinnen Hadamuth und Hadewig so viel leerer Zeitraum, daß eine Zwischenaebtißinn kann und eingeschaltet werden soll *d*). Die allgemeine Dunkelheit läßt uns nicht einmal eine kluge Muthmaßung schöpfen. Wie wünschte ich, daß ich den Zeitraum, und Ordnung der Regierungsepoche dieser Aebtißinnen eben so, als wie ihre Namen bestimmen könnte!

a) Im emmeramischen Todtenbuche wird Gisila geradeweg monialis de superiori monasterio genannt. Kalendis Iulii obiit Gisila monialis de superiori monasterio. Dieß soll ihr aber den abteylichen Rang nicht streitig machen. In diesen finstern, und unrichtigen Zeiten vergaß man es eben so oft, als man es nicht vergaß den Charakter einer Person zu melden. Wenigstens wird uns daraus ihr Sterbtag bekannt.

b) Auch in dem emmeramischen Nekrologium wird Richart der Charakter einer Aebtißinn beygeleget. VI Kal. Nov. obiit Richart Abbatissa.

Es wird in unserm Todtenbuche auch einer Margarit monialis monasterii superioris gedacht. Margarit begleitete nicht nur allein die abteyliche Würde nie, sondern sie scheint mir auch dem Namen nach jünger zu seyn, als daß sie in dem zehnten Jahrhunderte einen Platz verdiente.

c) Mon. boic. tom. XIII, pag. 473.

d) Sieh unten §. XII.

§. VII.

So viel von den ersten bekannten Aebtißinnen vom Jahre 876 bis auf den Anfang des 11 Jahrhundertes.

Es fragt sich, ob die Aebtißinn und ihre untergebenen Frauen unter einer Regel, und unter welcher sie gelebt haben. Da die Vorsteherinnen des Münsters Abbatissae, ihre Untergebenen immerzu sanctimoniales, Deo dicatae Virgines, Moniales heißen a), und diese Benennung die Wirkung, und Folge einer angenommenen Ordens- oder kanonischen Regel ist, so ist es außer Zweifel, daß Obermünster eine gewisse Ordens- oder kanonische Regel zur Richtschnur seines Wandels gewählet habe.

Die fränkischen Kapitularien, an welche Baiern unter dem französischen Zepter gebunden war, geben von zwoen Regeln, welche unter den fränkischen Königen, und Kaisern die Grundfeste der regulären Häuser, und des gemeinsamen Lebens waren, Zeugniß. Die Eine wurde für die fränkischen Staaten zu Aachen unter der Regierung Ludwig des Frommen im Jahre 816 festgesetzet; man gab ihr den Titel: Regula Canonicarum. Es wurde in dem gehaltenen Konvente b) den Gott sich widmenden Jungfrauen die Beobachtung derselben auf das schärfeste empfohlen, und man wollte von keiner Eingeweihten wissen, die nicht einer von der Kirche gewählten, und von den Königen gutgeheißenen Regel anhiengen. Dieses wird in verschiedenen Kapitularien, die nach der Hand zusammengetragen wurden, wiederholt c), besonders rückte es der Abt Ansegisus in sein karlingisches, und ludowigisches Kapitularbuch ein.

Im Jahre 843 unter der Regierung des Königs Karlmann wurden 7 Canones festgesetzet, unter welchen der Siebente ausdrücklich will, daß alle Mönche und Nonnen, die unter Aebten, und Aebtißinnen stünden, die Regel des heiligen Benedikts zum Grundstein ihrer Lebensordnung legen, und derselben genau folgen sollten d).

In der Sammlung des Leviten Benedikt wird eben dieser Kanon im 5- und 6ten Buche angezogen, und die Beobachtung desselben mit den nämlichen Ausdrücken eingeschärfet e).

Unter Kaiser Ludwig dem Zweyten verordnete man, daß die Manns- und Frauenmünster die Regel des heiligen Benedikts befolgen, und die Kirchensatzungen in Ausübung bringen sollten *f*).

Man könnte also behaupten, daß die Frauen in Obermünster schon von ihrem Ursprunge an Benediktinerinnen gewesen sind. Allein ich will sie, um den heutigen Stiftsdamen ohne sichere und überzeugende Beweggründe ihre Lieblingsidee nicht zu entreißen, für Kanonissinnen bis auf die Zeiten des heiligen Wolfgangs hingehen lassen. Dieß ist wenigstens gewiß, daß die Urkunden, in welchen sie Monachae, und Moniales heißen, nicht den Anfang des 11ten Jahrhundertes überschreiten.

Unterdessen mögen sie Nonnen, oder Knichinnen (Canonissae) gewesen seyn, so war ihr Lebenswandel nicht der auferbaulichste unter der Regierung des Bischofes Wolfgang. Er dachte auf kräftige Mittel, die in Zügen liegende Klosterzucht in Ober- und Niedermünster wieder herzustellen. Aus dieser Absicht bauete er für Benediktinerinnen das Mittelmünster, und versah dasselbe mit ergiebigen Einkünften den 29 Juny 983 *g*).

Nur im Vorbeygehen muß ich den allgemeinen Fehler, in welchen sich fast alle Geschichtschreiber durch irrige Aufstellung der Prinzeßinn Brigida für die erste Aebtißinn dieses neuen Klosters stürzen *b*), berühren.

Beyde Münster ließen sich die edlen Züge dieses ihnen zur Nachfolge vorgestellten Bildes so wohl gefallen, daß sie nach demselben ihre Aufführung bildeten, und von nun an ihrem Berufe eifriger, als vormals nachkamen. Von allem diesem giebt die Lebensgeschichte des heiligen Wolfgangs Zeugniß *i*).

Diesem zu Folge hielten sich die adelichen Jungfern gewiß von dieser Epoche her an die Regel des heiligen Benedikts, wenn es nicht etwa noch früher geschah. Das Diplom K. Konrads vom Jahre 1029 sagt ausdrücklich,

lich, daß man in Obermünster die Benediktinerregel beobachte k). Es ist dem von dem Herrn von Zurlauben im Stifte Muri entdeckten niedermünsterischen Kirchen- und Todtenkalender die Regel des heiligen Benedikts für die Klosterfrauen vorausgesetzt l). Das Nekrologium so wohl, als die in Kapitel abgetheilte Regel dienten im Chore, und es wurden gemäß der alten Gewohnheit täglich aus jenem die Namen der geistlich mit einander verbundenen Brüder und Schwestern, aus dieser aber ein Kapitel vorgelesen m). Sollte wohl in Niedermünster die Regel des heiligen Benedikts für die Klosterjungfern vorgelesen worden seyn, wenn sie selbiger nicht anhiengen?

Was von Niedermünster wahr ist, muß auch von Obermünster gelten. Beyde Stifter wurden in den mittlern Zeiten von gleichen Gewohnheiten, Gebräuchen, und Regeln beherrschet. Von einem, wie von dem andern schreibt der in Mitte des 14ten Jahrhundertes lebende regensburgische Knicke n) Conradus de monte Puellarum, daß in ihren Mauern Benediktinernonnen eingeschlossen sind o). Lorenz Hochwart giebt in seinem Katalog der Bischöfe von Regensburg das nämliche Zeugniß. Ich will es hingestellt seyn lassen, ob er nicht wegen eines gar zu beißenden Ausdruckes wider die adelichen Jungfern Ahndung verdiene p).

Uebrigens vermuthe ich, daß die Strenge der Benediktinerregel nie nach dem buchstäblichen Innhalte in den dreyen Münstern beobachtet, sondern vielmehr gemildert, nach der Schwachheit des Geschlechtes, und nach dem Geschmacke des vaterländischen Adels eingerichtet worden sey. S. Benedicti monialibus accomodata, sagt der Kodex von Muri.

Man blieb aber nicht bey der ersten Einrichtung stehen. Es folgte Milderung auf Milderung. In Mitte des 13ten Jahrhundertes aßen die adelichen Nonnen Fleisch, sie kleideten sich in Fuchspelze, sie genoßen eigenthümliche Einkünfte, wie dieß alles der Domdekan Heinrich Seemann von Seemannshausen in der unter der Aebtißinn Richza auf päbstlichen Befehl vorgenommenen Visitation fand, und zur Beruhigung der über diese Milderung

derung gewissensängstigen Nonnen in dem zum päbstlichen Nuntius Philipp von Ferrara abgestatteten Berichte um gänzliche Unterdrückung der nur halb mehr lebenden Benediktinerregel nachdrücklich bath *q*).

Es zeugen auch die Saalbücher, und Rechnungen des 14ten Jahrhunderts, daß die Einkünfte der Abtey, von den Einkünften des Kapitels abgesondert gewesen, daß von solchen die Aebtißinn zwo, jede andere Kapitularinn eine Präbende, und die übrigen theilhabenden Jungfern nach gewisser Maaße einen Theil derselben für sich besonders bezogen, und daß die Aebtißinn gemeinsam mit dem Kapitel die Güter der Abtey, Oblai, Keller, Kustoderie, und anderer Aemter administrirt habe.

Endlich bewähren die vorhandenen Prozeßakte von 1470=79, daß dasjenige, was von den immer auf einander folgenden Milderungen gesagt worden ist, seine gute Richtigkeit habe, und daß die adelichen Jungfern endlich von der Regel des heil. Benedikts gänzlich losgesprochen, und als Kanonissinnen ohne einige Gelübde, nur mit Einschärfung eines vollkommenen Gehorsams gegen ihre Aebtißinn, erkläret worden sind.

Kardinal Piccolomini resignierter Domprobst in Regensburg war jener erwünschte Werkzeug, durch welchen die bisherigen Nonnen die lang gesuchte Erfüllung ihres Wunsches im Jahre 1484 folglich unter der Aebtißinn Sibilla von Paulstorf bey Innocenz VIII. erreicht haben, und zu Stiftsdamen umgemodelt worden sind.

---

a) Kaiser Heinrich nennt in einem Diplome vom Jahre 1022 apud Hund. Met. salisb. tom. II, pag. 59 die adelichen Damen in Niedermünster ausdrücklich Mönchinnen. Habeant etiam monachae potestatem liberam per decessiones inter se eligendi abbatissam. Vide etiam codicem traditionum S. Emmerami apud Pezium thes. anecdot. tom. I, part. III, col. 166, et Oef. rer. boic. script. tom. I, pag. 554.

b) De Chiniac. capitul. reg. franc. tom. I, col. 718.

c) Idem cit. loc. et tom. col. 718, et 1158.

d) Idem cit. loc. et tom. col. 148. Et vt monachi, et ancillae Dei moasteriales iuxta regulam S. Benedicti coenobia, et xenodochia ordinare, gubernare, et viuere studeant, et vitam propriam degere secundum praedicti Patris ordinationem non negligant.

e) Idem

e) Idem cit. loc. et tom. col. 825 et seq.

f) Idem cit. loc. tom. II, col. 354. De monasteriis autem virorum seu seminarum, quae secundum regulam S. Benedicti, et secundum canonicam authoritatem disposita esse debent.

g) Mittelmünster wurde nicht eher, und nicht später, als im Jahre 983 gestiftet. Vermög der Annalisten geschah diese Fundation zu Regensburg in Gegenwart, und unter Otto II, H. Heinrich dem Karuthner, der zugleich Baiern beherrschte, und nachdem Bischof Wolfgang vorher schon dem Kloster St. Emmeram seinen eignen Abt in der Person seines Vetter Ramwolds gegeben hatte. Alle diese Umstände treffen auf das Jahr 983 ein. Vide Leib. I, pag. 347. Eccard. I, pag. 336. Biographum S. Wolfgangi cap. 15, 16, 17. Heut zu Tage wird es von den seit der Aufhebung übrig gebliebenen Exjesuiten bewohnet, die ihrem Berufe eifrig, und auserbaulich nachkommen.

h) Die von dem H. Wolfgang getaufte Prinzessinn Brigida zählte kaum im Jahre 983 das neunte Jahr ihres Alters. Wie konnte sie demnach als die erste Aebtissinn des Mittelmünsters von dem H. Wolfgang eingesetzet worden seyn? Weiters, nicht ihr Bruder der H. Heinrich, sondern ihr Vater gesellete sie der Jungfernschaare in Mittelmünster ungefähr im Jahre 990 bey. Vermuthlich wurde sie allda die zweyte Aebtissinn, und sie scheint auch der Hauptgegenstand der Lobsprüche des Mönchs Othlo, der die um das Jahr 1050 in dem Kloster Mittelmünster wohl bestellte Disciplin anrühmt, zu seyn. Biographus S. Brigidae cap. 30 etc.

i) Mabillonius in actis SS. Ord. S. Benedicti Saecul. V.

k) Wahre Nachricht von Obermünster Seite 52. Dort ist das konradinische Diplom in das Deutsche ausnehmend schlecht übersetzt zu lesen.

l) Vide monumenta vet. liturg. alemannicae tom. I, pag. 494.

m) Vide cit. loc. obseruationes praeuias Principis et Abbatis ad S. Blasium Gerberd pag. 452.

n) So nannte man in diesen, und in noch ältern Zeiten die Canonicos, wie man die Monachos Mönche hieß. Beyde wurden bey den damaligen Zeiten als Ehrennamen gebraucht, und so wenig als heut zu Tag in vernünftigen und geschichtsverständigen Ohren der Name Mönch ein Schimpfwort ist, eben so wenig ist es auch der Name Kuiche.

o) Sed vt clarius haec pateant, sciendum est, quod inferius monasterium, et superius sanctimonialium in Radispona ordinis sancti Benedicti post monasterium sancti Emmerami sunt fundata. Diese wichtige Handschrift ist noch nicht edirt. Sie verdient aber in Rücksicht auf viele Fälle das Tageslicht.

p) Oef. rer. boic. script. tom. I, pag. 177. Der Ausdruck des Hochwart ist folgender: Sed hodie tantopere de via videntur recessisse, vt multi Wolfgangi tribus illis monasteriis (Ober, Mittel und Niedermünster) reformando aegre possint sufficere. Ein bischen zu heftig. — Welches Urtheil würde Hochwart über die heutige

Verfassung beyder Damenstifter fällen? Herr Philipp Wilhelm Gerken einer der gelehrtesten Deutschen, beobachtete beyde Stifter in seiner Reise nach Baiern mit einem aufmerksamen Auge, und sah, daß die adelichen Damen im vollen Geschmacke des ungezwungenen Frauenzimmers dahin leben. Sieh dessen Reisen II Th. S. 96. Ohne der Ehre dieses von mir geschätzesten Gelehrten, und Freundes zu nahe zu treten, kann ich mit Wahrheit anmerken, daß kein Streit wegen des Vorzuges unter den zwoen fürstl. Aebtißinnen obwalte, vielmehr herrscht unter beyden die gewünschteste Harmonie. — Man hat Herrn Gerken übel berichtet. Wenn er schon Gelegenheit hatte, die Aufführung der Damen zu beobachten, so hatte er während seines kurzen Aufenthaltes allhier gewiß keine, das Etiquette der Fürstinnen zu erforschen; so eingeschränkt, und abgesondert leben Beyde.

g) Das Original liegt im niedermünsterischen Archive. Ich habe nur eine fehlerhafte deutsche Uebersetzung davon in Händen, die ich mir wegen vielen vermuthlichen Abweichungen von dem Originaltexte hieher zu setzen nicht getraue.

§. VIII.

Das eilfte Jahrhundert.

Die erste Aebtißinn in diesem Jahrhunderte, und überhaupt die erste, der man mit Grunde den gehörigen Platz anweisen kann, ist die Aebtißinn Wichburg, oder Wieburg. Sie kömmt in einem Diplome Kaiser Heinrichs des Heiligen, der ihr sehr geneigt war, auf das Jahr 1010 Kal. Maii vor a). Kaiser Heinrich übergab während der Regierung der Aebtißinn Wicburg dem Münster den Curtem Sallach b), welcher im Donaugau, in der Grafschaft Ruprechts lag, aus seinem Rechte, und Gebiete, in das Recht, und in die Herrschaft des Münsters, so drückt sich das Diplom aus. Der Tag der feyerlichen Uebergabe war der 17te April des Jahres 1010, als an welchem das vom Heinrich neuerbaute Kloster eingeweihet wurde c). Münster muß entweder für seine Innwohner zu enge, oder durch Unglücksfälle so beschädiget worden seyn, daß eine Restauration schlechterdings nothwendig befunden wurde. Das Münster hat also diese Heinrich dem Heiligen zu verdanken.

Es wird in einem Diplome Kaiser Konrads II vom Jahre 1029 der nämlichen Aebtißinn Wicburg gedacht. Dieser Gnadenbrief bestätiget dem Münster die Schankung Heinrichs, und es wird zum ewigen Gedächtniß derselben der kaiserliche Zepter der Frau Aebtißinn mit der Vollmacht in die

Hän-

Hände gegeben, daß sie selben zu ewigen Zeiten führen, und sich desselben ohne Hinderniß bedienen kann. Daher rühret es ohne Zweifel her, daß das Reichsstift Obermünster den kaiserlichen Zepter in seinem Wappen führet, und die fürstliche Aebtißinn sich selben bey gewißen Feyerlichkeiten vortragen läßt d).

In dem münsterischen Todtenbuche erscheinen zwo Aebtißinnen mit dem Namen Wicburg. Obwohl Hund keine niedermünsterische Aebtißinn mit diesen Namen anführt, so deucht es doch dem gelehrten Fürsten von St. Blasius, daß Wicburg eine gebohrne Gräfinn von Wasserburg, und einer von jenen 12 Zweigen, welche die baierische Herzoginn Judith in ihr neues Stift Niedermünster eingesetzet hat, mit der Zeit zu der abteylichen Würde gelanget sey e). Da demnach in dem angezogenen Todtenkalender zwoer Wicburgen, die beyde Aebtißinnen waren, einer zwar auf den 21 Jänner f), der andern auf den 29 Oct. g) gedacht wird, so steckt unter einer die obermünsterische, und unter der andern die niedermünsterische Wicburg. Ich bedaure, daß ich aus dem halb redenden Kalender nicht auf den richtigen Todestag der Unsrigen schließen kann.

a) Vide diploma apud Hund. met. saliab. tom. III, pag. 2. Lünigs Reichsarchiv spicil. ecclef. part. III, pag. 179.

b) Sallach liegt nächst Geiselhering, und enthält in sich einen nach Obermünster lehenbaren Sitz, und in seinem Umfange mehrere dahin gehörige Ortschaften.

c) Im Jahre 1010 fiel der 17 April auf den Montag nach dem weißen Sonntage. K. Heinrich brachte also in diesem Jahre die Osterferien vermuthlich in Regensburg zu.

d) Wahre Nachricht von der königl. Stiftung Obermünster, Seite 52.

e) Monum. liturg. Alem. part. I, pag. 498. Not. 11.

f) XIII Kal. Febr. Natalis S. Agnetis Wicburg Abbatissa obiit.

g) IV Kal. Nov. Chunigund Abbat. Wicburg Abbat. obierunt.

§. IX.

Wenn hier nicht wegen des fast durch 30, oder 40 Jahre hindurch leeren Raumes eine von den oben §. VI. ohne gehörige Ordnung angezogenenn Aebtißinnen einzuschalten ist; so folgt in der abteylichen Würde die Nonne Willa. Sie tritt in einem Diplome Kaiser Heinrichs III auf, welches im Jahre 1052 den 14 Julii gegeben worden ist.

Heinrich IV stellte der Aebtißinn Willa, und ihrem Münster das Prädium Otmaring zurücke. Otmaring lag in dem Kunzingau in der Grafschaft des Grafen Bruno. Das von dieser Zurückgabe zeugende Diplom wurde im Jahre 1064 ausgefertiget a).

Endlich erscheint die Aebtißinn Willa in einem andern von dem nämlichen Kaiser im Jahre 1073 Kal. Nov. gegebenen Diplome. Diese 3 merkwürdigen Urkunden sind bisher noch nicht an das Taglicht getreten.

Das merkwürdigste, so sich unter dieser Aebtißinn zutrug, ist die Ankunft Marinus eines Schottländers, und seiner Gesellen. Willa räumte ihnen die zu ihrem Münster gehörige Kirche St. Peter in Wichen ein, welche außer der Stadt Regensburg gegen Aufgang nächst der heutigen Begräbnißstätte der Herren Protestanten lag, zu ihren gottesdienstlichen Verrichtungen ein. Die Gunst großer Fürsten, die sich diese Fremdlinge durch ihre auffallende Frömmigkeit zuzogen, gestattete ihnen gar bald, zu der Kirche eine Wohnung hinzubauen. Von allen diesen giebt der Priester Andreas auf das Jahr 1052, und ein Diplom Kaiser Heinrichs Zeugniß b).

<small>a) Hund. metr. salisb. tom. III, pag. 3. Otmaring liegt nächst Osterhofen. Der Gau Kunzingau ist also jenseits der Isar gegen die Donau hin aufzusuchen.
b) Oefel. script. rer. boic. tom. 1, pag. 34.</small>

§. X.

Auf Willa folgt Hazicha. Man findet sie in dem Katalog der im Münster lebenden Schwestern. Unter ihrer Regierung wurde das neulich unter der Aebtißinn Willa zur St. Peters Kirche hingebaute Schottenkloster vom Kaiser Heinrich in eine glänzendere Lage versetzet. Heinrich übernahm das Advokatenamt über das aufkeimende Kloster, um welche Gnade die Mönche bathen, und zu welcher Bischof Otto, und die Aebtißinn Hazicha ihre

ihre Einwilligung gaben. Doch verblieb das Kloster dem Stifte Obermünster, auf deſſen Grund, und Boden es hingebauet worden, unterthan, und die Aebtißinn verlohr nichts von ihren Rechten a). Ihr Sterbtag wird den 29 Jän. in dem münſteriſchen Nekrologium angeſetzet.

<blockquote>
a) Oef. rer. boic. script. I, pag. 54. Das Diplom, wie es Andreas der Prieſter in ſeiner Chronik anführt, hat einige chronologiſche Widerſprüche. Daſſelbe führt die Jahrzahl 1099. In dieſem Jahre war Heinrich der Dritte, wie ihn das Diplom nennt, wirklich ſchon 43 Jahre unter den Todten. Es muß alſo heiſſen Heinrich der Vierte. — Aber hier widerſpricht das in dem Diplome angegebene fünfte Regierungsjahr Kaiſer Heinrichs, indem vielmehr mit dem 1099 das 43 ſeines Kaiſerthums läuft, und Biſchof Otto zu Regensburg ſchon 10 Jahre todt war, der doch in der Urkunde als ein mitwirkender Theil mit auftritt.
</blockquote>

§. XI.

Das zwölfte Jahrhundert.

Nun tritt in die abtepliche Würde die Kloſterfrau Hadamuth ein. Sie läſt ſich auf das Jahr 1110, und 1117 Kal. Nov. in zwoen ungedruckten Urkunden ſehen. In dem aus dem Staube erſt neulich hervorgezogenen Codice Traditionum erſcheint ſie öfters a).

Endlich wird ihr Sterbtag in dem obermünſteriſchen Todtenbuche auf den 8 May, in dem emmeramiſchen b) aber auf den 7 hingeſetzt. Das Jahr ihres Hinſcheidens iſt unbekannt.

<blockquote>
a) Codex traditionum superioris monasterii, pag. 28, 68, 72, 74.
b) Obiit Nonas Maii Hadamut Abbatiſſa superioris monasterii.
</blockquote>

§. XII.

Ich ſtehe wieder ſehr an, ob zwiſchen der Aebtißinn Hadamuth, und Hadewia, welche nach der Hadamuth in den Dokumenten auftritt, nicht eine Zwiſchenäbtißinn einzuſchalten ſey. Der nicht mittelmäßige Zeitabſtand der erſten von der andern läſt einer dritten hinlänglichen Platz.

Oben §. VI. äußerte ich mich, daß ich hier gerne jener Eusica, welche zwar bisher in keinem obermünsterischen Dokumente, sondern nur in dem weltenburgischen Nekrologium mit dem Charakter einer Aebtißinn von Obermünster zu finden ist, einen Platz anweisen möchte. Die Ursache davon ist diese:

Es lebte auf dem St. Rupertsberge bey Bingen im Mainzischen in Mitte des 12 Jahrhundertes die Aebtißinn Hildegard. Sie war im Jahre 1098 von adelichen Aeltern gebohren, und wurde als ein achtjähriges Kind in das Kloster des H. Desibodus zur Erziehung geschickt *a*). Man hielt sie für eine von Gott erleuchtete Prophetinn, und für ein allwissendes Orakel zu ihren Zeiten. Gewiß ist's, daß sie das auferbaulichste Leben führte, und in Betracht ihres Geschlechtes mehr, als eine menschliche Weisheit besaß *b*). Die höchsten Häupter der Kirche, und des Reiches, viele Bischöfe, Fürsten, Aebte, und Aebtißinnen pflogen einen wichtigen Briefwechsel mit ihr, und suchten bey ihr in den schweresten Angelegenheiten entscheidenden Rath *c*). Sie starb im Jahre 1179 den 17 Sept. Ihre Werke, die sehr zahlreich sind, machen ihr viel Ehre, sie sind mit Witz, Geiste, Nachdruck, und Salbung abgefaßt *d*).

Auch eine Aebtißinn von Obermünster schrieb an sie. Die Epistel ist aus einem Codex der Abtey Himrod edirt worden *e*). Allein ihr Name wird nur mit dem Anfangsbuchstabe E angemerkt. Nun auf wen deutet dieser Buchstab hin?

Es stund zwar zu Ende des 12 Jahrhundertes eine Aebtißinn dem Münster vor, deren Namen mit E anfängt, nämlich Eufemia. Sie gelangte aber kaum vor dem Jahre 1170 zur abteylichen Würde. Hildegardens Sterbjahr ist mit gründlichen Beweisthümern auf das Jahr 1179 hingesetzt *f*), Eufemia kann also die Korrespondentinn Hildegardens nicht seyn. Zu dem zeugt die münsterische Aebtißinn in ihrer Epistel von mehrern schon an die Hildegard erlassenen, aber mit keiner Rückantwort beglückten Briefen. Will man demnach den Briefen die zu ihrem Laufe erforderliche Zeit bey dem damals sehr

un-

unrichtigen, und langsamen Briefgange nicht absprechen; so kann man um desto weniger diese Epistel der Aebtißinn Eufemia zuschreiben.

Wenn nun die weltenburgische Eulica zwischen Hadamuth, und Hedwig einen Platz verdient; so widerspricht weder das Alter der Briefstellerinn, weder der Anfangsbuchstab des unausgeschriebenen Namens, daß sie nicht diejenige sey, welche theils um zukünftige Dinge aus dem Herzen Hildegardens herauszuholen, theils um über die Verbindlichkeit der längeren Fortsetzung ihrer abteplichen Bürde klar zu werden, an dieselbe geschrieben, welche endlich auch nach öfterm Anfragen mit einem geistvollen Tone geantwortet hat g).

Doch ich will nicht die liebe Eulica mit Gewalt, und zum Nachtheile der ordentlichen Aebtißinnen in das Verzeichniß derselben hineinschieben.

a) Acta SS. Sept. tom. V, pag. 631.

b) Aus dem mit vielem Scharfsinne der Lebensgeschichte der Aebtißinn Hildegard vorausgeschickten Kommentar zeigt sich, daß dieselbe für ein Wunder ihres Zeitalters, und für eine Zierde ihres Geschlechtes billig zu halten sey. Doch muß ich der Meinung der guten Martenne und Durand, und besonders dem Urtheile des Abts Trithem, dem die erstern nachgeschrieben haben, widersprechen, daß nämlich Hildegard der lateinischen Sprache sich bedienet habe, ohne dieselbe gelernt zu haben. Wie heute das andere Geschlecht die französische und andere Sprachen in den Erziehungsschulen studiren, so haben sich damals wenigstens jene Mädchen, die sich dem geistlichen Stande widmen wollten, mit der lateinischen vertraut gemacht. Besitzen wir nicht die schönsten Codices, welche eine Arbeit ihrer unverdrossenen Hand sind, und welche noch dazu gemäß der diesem Geschlechte angebohrnen Emsigkeit mit einer weit größern Genauigkeit, als diejenigen, welche die Mönche kopirt haben, geschrieben sind? Niemand wird ihnen nach genommener Rücksicht auf diese mit einer wundervollen Richtigkeit von ihnen verfertigten Handschriften die Kenntniß der lateinischen Sprache absprechen. — — — Wäre es heut zu Tage nicht zweckmäßiger gehandelt, wenn die Damen und Nonnen, welche den Chor besuchen müssen, entweder die Tagzeiten in einer ihnen bekannten Sprache abbetheten, oder sich mit der lateinischen bekannt machten?

c) Vide in actis SS. cit. tom. pag. 638. Hildegard sagte dem K. Konrad ganz deutlich die unter seinem Nachfolger entstandenen Irrungen der Kirche mit dem Reiche vor. Aber in welchem heftigen Tone schrieb sie an K. Friedrich, der sich mit dem römischen Hofe so sehr entzweyte? Vide S. Hildegardis epistolarum librum, edit. col. de anno 1566, pag. 63 etc.

d) Von allen hildegardischen Werkchen geben die Bollandisten cit. tom. 2 pag. 633 — 664 Nachricht. Hildegard eröffnete Fürsten, und Kirchenprälaten Geheimnisse, die über Menschenkenntniß hinaus zu seyn schienen. Der emmeramische Abt Adalbert,

bert, welcher der Abtey vom Jahre 1149 bis 1177 vorstand, schrieb auch an sie, und erhielt eine ihrer Freymüthigkeit angemessene Antwort. Sieh in cit. edit. Colon. pag. 86. — — Hildegardens Geist, und Thätigkeit war also in Regensburg sehr bekannt. — Eugen III hieß ihre Schriften nach vorhergehender Prüfung gut.

e) Martenne, und Durand in collect. nouiss. vet. script. tom. II, a columna 1012 — 1133 liefern eine nicht geringe Zahl der Briefe, welche an Hildegard geschrieben, und von ihr beantwortet worden sind. Der obermünsterische ist in der Zahl der 51ste, col. 174.

f) Acta SS. cit. loc. pag. 676. Sieh auch den Kirchenkalender aller Heiligen aus dem Orden des H. Benedikt vom Jahre 1786 bey 17 Sept. 2 Theil, 144 Seite.

g) Collect. nouiss. script. tom. cit. colum. 1075. Hildegard rieth der obermünsterischen Aebtißin sich nicht wegen zukünftigen Dingen zu beunruhigen, und in ihrem Berufe standhaft zu beharren.

§. XIII.

In Mitte des 12ten Jahrhundertes spielt die Nonne Hedwig ihre Rolle als Aebtißinn im Obermünster. Ungedruckte Urkunden vom Jahre 1175, und 1177 machen Meldung von ihr. Man findet ihren Namen öfters in dem Traditionsbuche a).

Pfalzgraf Otto der Große versah das Advokatenamt während ihrer Regierung, welcher in Ausübung dieses Amtes in mehreren Urkunden sichtbar ist b). Er ist es, der dem Stifte den Grundhold Reginold wider die Anfechtungen des Bischofes von Bamberg durch pflichtmäßige Erfüllung seines Advokatenamtes 1175 erhielt.

Ein sehr trauriger Zufall ereignete sich unter Hedwig. Das Münster wurde im Jahre 1152 ein Raub der wüthenden Flamme. Es erfuhren mit ihm das nämliche traurige Schicksal die Kirchen St. Peter, St. Johann, St. Paul, die alte Kapelle, und das Niedermünster. Lorenz Hochwart erzählet uns dieses c).

Das Jahr ihres Hintritts aus dieser Welt ist uns unbekannt. Ihr Sterbtag ist nach dem obermünsterischen Nekrologium der 14, nach dem niedermünsterischen aber der 7 März: Nonas Martii, sagt das letztere, Hadawic Abbatissa obiit d).

a) Co-

a) Codex traditionum superioris monasterii, pag. 12, 28, 89.
b) Hund. metrop. salisb. tom. III, pag. 3.
c) Oefel. rer. boic. script. tom. I, pag. 192.
d) Monum. liturg. Aleman. tom. I, pag. 494. Der erleuchteste Fürst Gerbert meldet Nota 3, daß der Sterbtag der Aebtißinn Hadewic in dem emmeramischen Todtenkalender angemerket wäre. Ich war nicht so glücklich, ihren Namen darinn zu finden.

§. XIV.

Nun kömmt die Reihe an die Aebtißinn Eufemia. Es gedenkt derselben der Katalog der im Münster lebenden Schwestern. In dem Traditionsbuche erscheint sie öfters a). Sie wählte sich mit ihrem Kapitel den Herzog Ludwig zu ihrem Advokaten b).

So bekannt uns aus den vorhandenen Todtenkalendern der Tag ihres Todes ist, so unbekannt ist uns das Jahr. Das münsterische Nekrologium läßt sie den 15 September, das emmeramische aber den 15 August sterben c). Vermuthlich verfehlte der Kopist des letzteren das ächte Monat d).

a) Codex traditionum monast. sup. pag. 48, 84, 91.
b) Hundius metrop. salisb. tom. III, pag. 3.
c) XVII Kal. Sept. obiit Eufemia Abbatissa superioris monasterii.
d) Hier darf ich der Tugend nach eben so glänzenden, als der Geburt nach vornehmen obermünsterischen Klosterfrau (Sanctimonialis) Adelheit nicht vergessen. Sie war die Tochter des berühmten regensburgischen Burggrafen Heinrich, und eine Zeitgenossine des emmeramischen Abtes Peringer, welcher vom Jahre 1177 bis 1201 die abteyliche Würde begleitete, und mit dem sie gemeinschaftlich in einer Traditionsurkunde auftritt. Pezius Thes. anecdot. tom. I, part. III, col. 166. So trug sie also den heiligen Weihel unter der Aebtißinn Eufemia. Ihre Erscheinung im Kloster Obermünster dient zur Probe, daß die vornehmsten Damen unsers Vaterlandes in mittlern Zeiten sich nicht schämten, regelmäßig zu leben.

§. XV.

Das dreyzehnte Jahrhundert.

Auf Eufemia folgte die Aebtißinn Salome, welche das 12te Jahrhundert beschloß, und das 13te anfieng. Man sieht sie in ungedruckten Urkunden

den bis bey nahe auf das Jahr 1209. Auch während ihrer abteylichen Sorge geschahen noch einige Traditionen, und Vertauschungen; deßwegen wird ihr Name öfters in den über diese Handlungen ausgestellten Urkunden angezogen a). Ihr Sterbtag wird in dem münsterischen Todtenbuche auf den 1 April gemeldet.

a) Codex diplomat. monast. super. pag. 43, 46, 47.

§. XVI.

Die Aebtißinn Gertrud nimmt die Stelle der vorigen ein. Unter ihr wurde Ober- und Niedermünster dem Reiche unter dem scheinbaren Vorwande, die bey der Wahl einer Aebtißinn zu machenden Unkösten zu ersparen, entrissen, und dem Hochstifte Regensburg statt der Stadt Nördlingen, des Oringau, und der Probstey allda, welche als dem Hochstifte bisher zugehörige Güter Bischof Konrad dem Reiche anließ, unterworfen a).

Daß Kaiser Friederich diesen Tausch seinen Blutsverwandten dem Bischofe Konrad zu Liebe, zum Nachtheile aller Reichsstände überhaupt, und beyder Stifter, Ober- und Niedermünster besonders, eingegangen hat, gestehet er selbst in seinem eignen Diplome. Alle Güter dieser Stifter, das ganze Eigenthum derselben, die erträgliche Advokatie über dieselben, alles Recht, so das Reich bisher über sie ausübte, wurde dem Bischofe vollkommen eingeräumet, ihre Verbindung mit dem Reiche wurde aufgelöset, und die Reichsstandschaft wurde in eine sklavische Kommende herabgewürdiget. Dieß hieß so viel, als den Grund ihres ganzen Gebäudes erschüttern, und das traurige Vorspiel zu ihrer baldigen Aufhebung geben.

Unsre vorsichtige Aebtißinn Gertrud, und ihr adeliches Kapitel machte mit der niedermünsterischen Aebtißinn Tuta gemeine Sache. Zu Würzburg wurde im Jahre 1216 ein Reichstag gehalten. Die mehresten Reichsstände erschienen dabey. Von allen Seiten her erhob sich die gerechteste Klage wider den vom Kaiser Friederich eigenmächtig, ohne Einstimmung der Reichsstände, und zuförderst der beyden in der Sache äußerst compromittirten

ten Stifter gemachten Tausch. Die schädlichen aus diesem unregelmäßigen Verfahren hervorquellenden Folgen wurden den versammelten Ständen klar vor die Augen gelegt.

Die Aebtißinn von Niedermünster, und ein Theil ihres Kapitels erschien persönlich. Unsre Gertrud klagte durch einen Prokurator, und durch einige zu dem Reichstage abgeordnete Kapitelfrauen. Das Reich misbilligte die ohne seine Beystimmung von dem Kaiser gemachte Abänderung mit beyden Stiftern. Beyde Abteyen wurden durch einen förmlichen Reichsschluß dem Bischofe abgenommen, und dem Reiche wieder unterworfen.

Auf dem nämlichen Reichstage wurde ein Gesetz gemacht, daß inskünftig jede Abänderung mit einem Reichsgute, welche vom Kaiser ohne Einstimmung der Stände, und zuförderst der Besitzer und Vorsteher derselben vorgenommen würde, keine Kraft und Verbindung haben sollte. Dieses heilsame Gesetz soll vor allem, wie der Kaiser sich in seinem Diplome ausdrückt, auf das Stift Obermünster, und auf seine getreue, und geliebte Aebtißinn Gertrud, und ihre Nachfolgerinnen wirken. Es scheint aus diesen Worten, als wenn die Habsucht des Bischofes Konrad den Kaiser zur ungerechten Beystimmung und Mitwirkung zu dem mislungenen Tausche herausgefordert hätte b).

Beyde Stifter werden Fürstenthümer in dem Diplome genannt c). Ich folgere daraus, daß die Aebtißinnen nebst dem fürstlichen Titel, der ihnen heute noch zusteht, alle mit dem fürstlichen Prädikate verbundene Hoheiten behauptet, folglich daß beyde Stifter von ihrem ursprünglichen Ansehen nicht wenig verlohren haben, dessen Verminderung beyde vermuthlich dem dem Titel, und Namen nach so günstigen, den Wirkungen aber und Folgen nach so schädlichen Advokatenamte zu verdanken haben.

Der Priester Andreas hat die so vielsagenden friederichischen Diplome zuerst ans Tageslicht gebracht d). Hund hat dieselben nach ihrem ganzen buchstäblichen Innhalte bey der Rubrik Niedermünster angezogen e), und in dem obermünsterischen Archive sind die Originalien noch vorhanden. Es unterzeichneten sich sehr viele Reichsstände in selben. Uebrigens dienen sie zur Probe, daß die Aebtißinn Gertrud um das Jahr 1216 idus Maii der Abtey vorstund.

<small>a) Vide diploma Friderici apud Hundium, tom. III metrop. salisb. pag. 4.

b) Diese Partikulargeschichte verdient alle Aufmerksamkeit, auf welche man doch bisher wenigen Bedacht in der Reichsgeschichte nahm. So verworren die Zeiten damals nur immer aussahen, so heilig hielt man doch auf die Unzertrennlichkeit des Bandes, welches das Haupt, und die Glieder des Reichs unter einander verknüpfte, und so strenge sah man hin auf die Aufrechthaltung der reichsständischen Vorrechte, auf welche auch ein mindermächtiger Stand sicher zählen konnte.

c) Concambium fecissemus de duobus principatibus etc. — — In eben diesem friederichischen Diplome wird die Kirche in Obermünster regalis ecclesia genannt. Was für besondere Vorrechte die königlichen Abteyen hatten, ist hier der Ort nicht aufzusuchen. Sieh oben §. I, Not. b.

d) Oef. rer. boic. script. tom. I, pag. 29.

e) Metrop. salisb. tom. II, pag. 591. Dieses alles würde noch unbekannt seyn, wenn nicht die beyden Stifter ihr Archiv dem unsterblichen Hund, und dem fleißigen Priester Andreas eröffnet hätten. — — Möchte doch einmal das der Geschichte, und den einzelnen Stiftern selbst höchst schädliche Vorurtheil verschwinden, daß die Bekanntmachung der Dokumente gefährliche Folgen nach sich ziehe, von welchen die Geschichte noch kein Beyspiel, wohl aber von dem Gegentheile liefert.</small>

§. XVII.

Eben unter dieser Aebtißinn wurde zwischen dem Stifte Obermünster, und dem Schottenkloster wegen der Wahl, und Einsetzung des Priors zu St. Peter außer der Stadt durch bischöfliche schiedsrichterliche Beyhilfe folgender Vergleich getroffen. Eine zeitliche Aebtißinn soll hinfüran das Recht haben die leergewordene Prioratsstelle zu besetzen: es stehe ihr aber frey, einen Religiosen entweder aus dem Mutterkloster St. Jakob, oder aus dem dazugehörigen Priorat St. Peter zu wählen. Sie habe das Recht, den gewählten in dem Zeitlichen zu installiren: würde sie aber wider das Zeugniß ihres Gewissens einen Unwürdigen vor dem Würdigen benennen, so wäre der Abt, und beyde Konvente zu St. Jakob, und zu St. Peter berechtiget, diesen jenem

nem, vorzuziehen, und die Frau Aebtißinn müsse sich gefallen lassen, dem Würdigern die Sorge über das Zeitliche aufzutragen a).

In der nämlichen Urkunde, welche dieses schiedrichterliche Urtheil des Bischofs Konrad enthält, befindet sich auch ein richterlicher Spruch wegen einem Felde area b), welches vorher dem Münster zugehörte, und an das Petersklofter anstieß, bisher aber den Stoff zu einer unbeliebigen Irrung gab. Das Urtheil des Bischofes fiel so aus. Das Feld sollte dem Konvent St. Peter als ein Eigenthum zugehören, in Rücksicht dessen aber sollte ein jährlicher Zins von 40 denariis (Pfenning) dem Stifte Obermünster an dem Festtage des H. Emmeram gereichet werden. Keiner von beyden ausgeglichenen Theilen könnte ohne Beystimmung des Gegentheiles von diesem schiedrichterlichen Spruche abgehen c). Aus der in der Urkunde vorkommenden Zeugenschaare läßt sich auf die damals in dem Stifte gewöhnlichen Ehrenämter, deren einige vielbedeutende Namen haben, ein Schluß machen d)

a) Oefel. rer. boic. script. tom. I, pag. 35.

b) Area, ager, sut locus, qui nec colitur, nec aratur, so erklärt du Cange dieses Wort. In unserm Falle muß doch durch das Wort area auf ein nutzbares Feld, oder Hof gedeutet werden. Obermünster würde sich um einen unbrauchbaren Fleck nicht so eifrig angenommen haben, noch weniger hätte es sich einen so ergiebigen Zins von 40 denariis ausbingen können.

c) Oef. rer boic. script. tom. I, pag. 200. Gewold. in addit. ad Hundii metrop. tom. III, pag. 4.

d) Zum Beyspiele, es war ein Biztum (Vicedominus) in Sallach, im Stifte selbst aber ein Hofmeister, und andere Offizialen aufgestellt.

§. XVIII.

Nach Gertraud läßt sich in der abteylichen Verwaltung die Aebtißinn Mathild sehen. Ihr Name wird nach Gewohnheit der damaligen Zeiten verschieden, zum Beyspiele Methild, Mathild ꝛc. geschrieben. Ihre Regierung war von kurzer Dauer. Im Jahre 1219 ist sie zum erstenmale, und 1225 zum letztenmale in dem Codice diplomatico sichtbar a).

Sie zeichnete ihre Regierung zuförderst durch standhafte Beschützung ihrer Rechte wider die ungebethenen, und unberufenen Advokaten, deren es eine nicht kleine Menge in diesem Jahrhunderte gab, aus. Ulrich von Pentlingen, und mehr andere von kleinerm und unbedeutendem Adel zogen mit Gewalt das Advokatierecht über Tegerheim, Boulinhovin, (Pillnhofen) Nanzing (Nanzing im Pfleggerichte Cam) und Otmaring an sich. Mathild beklagte sich deßwegen beym Kaiser, und bey den Reichsfürsten. Man ließ ihrer billigen Klage Gerechtigkeit widerfahren. Die Ungerechten Erwerber wurden abgedankt, und die Schutzgerechtigkeit über diese Fundationsgüter des Stiftes auf Bitten, und Verlangen der Aebtißinn dem baierischen Herzoge Ludwig unter dem Bedingniße anvertraut, daß er die Advokatierechte nicht über den begränzten Sinn der Freyheiten des Stiftes ausdehne, und keinen Advokatenschritt zum Nachtheile des Stiftes unternehme. Die Urkunde darüber wurde der Frau Aebtißinn zu Nürnberg den 1 Junii 1219 zugestellt. Ich will selbe in der Note b,) nach ihrem ganzen Innhalte hersetzen.

Mathildens Sterbtag wird in dem münsterischen Todtenbuche auf den 16 Junii (XVII Kal. Augusti) hingeschoben. Sie ist die erste, die mit ihrem Geschlechtsnamen erscheint. Sie stammet von dem vortreflichen Hause Neuffe, oder Niffe ab c).

a) Codex diplomat. monast. sup. pag. 50. Hund hält dafür, daß unter dieser Aebtißinn, und zwar im Jahre 1223 Graf Adalbert von Bogen, und seine Frau Hedwig, nicht minder der regensburgische Advokat Friederich und seine Frau Luitard ihre Opfer auf den münsterischen Altar gelegt haben. Sieh metrop. salisb. tom. III, pag. 3.— Allein da ein in unsrer baierischen Geschichte sehr bewanderter Gelehrter den mehresten Haupt- und Nebenzweigen von Bogen ihr rechtes Zeitalter richtig und genau ausgesteckt, und unter diesen dem obigen Adalbert und Friederich den gehörigen Platz zu Anfang des 12ten Jahrhunderts angewiesen hat (sieh die genealogische Stammtafel der Grafen von Bogen mon. boic. vol. XII, pag. 11.) ich aber das schollingerische System in der bisher noch ungedruckten Abhandlung von den Kindern und Kindskindern des alten Grafen Babo von Abensberg, welche die kurbaierische Akademie der Wissenschaften in München 1779 den 3 Nov. mit dem Preise krönte, mit vielen Dokumenten beleuchtet habe, folglich bewiesen ist, daß Adalbert und Friederich um ein ganzes Jahrhundert eher, als hier Hund vermuthet, gelebt haben, so hat es seine gute Richtigkeit, daß beyde unter der ihnen vielmehr gleichzeitigen Aebtißinn Hadamuth ihr Opfer verrichtet haben. Unterdessen verbessert Hund wider seinen Willen und Bewußt wußtſeyn, wie es ſcheint, dieſen Fehler in dem Stammbuche I. Theil, 116 Seite. Allda läſt er beyde Herren ſammt ihren Frauen um ein Jahrhundert eher, als in ſeinem ſalzburgiſchen Erzbiſthume auftretten.

b) Fridericus II, D. G. Romanorum Rex, ſemper Aug. et Rex Sicilie. Notum facimus univerſis Imperii fidelibus tam preſentibus, quam futuris, quod cum dilecta noſtra Mathildis abbatiſſa ſuperjoris monaſterii in Ratiſpona coram nobis per ſententiam Principum advocatias de *Tegirnheim*, *Boulinbovin*, *Otmaringin* et *Nanzingin*, cum aliis advocatiis, quos Ulricus de Bentlingin, et quidam alii iniuſte ſibi vendicaverant, liberas et abſolutas ei eſſe eviciſſet, nos easdem advocatias de conſenſu, et ad preces prememorate Abbatiſſe conceſſimus, et commiſimus dilecto conſanguineo noſtro L. illuſtri duci Bavarie, Palatino comiti Reni, tenendas et protegendas, ſecundum iuſticiam et tenorem privilegiorum ipſius eccleſie: et quod de ipſis advocatiis infeudando, obligando, ſeu alio aliquo modo nihil unquam licitum ſibi ſit diſtrahere, vel alienare. Ad cuius rei evidentiam preſentem paginam conſcriptam figillo noſtro iuſſimus communiri. Teſtes hii ſunt: Chunradus metenſis et ſpirenſis Epus, Imperialis aule Cancellarius. Ulricus batavienſis Epus. Bernardus dux Carinthie. Hermannus marchio de Bodin. Ebirhardus de Ebirſtein. Comes Kalbous de Kirchperch. Heinricus de Lapide. Gotefridus de Arnisberch. Et alii quam plures. Datum apud Nurinberch Kal. Iun. indict. VII.

Die ſiebente Zinszeit läuft zwar auch mit den Jahren Chriſti 1234, und 1249. — Allein die Sterbjahre der Aebtiſinn Mathild, welche 1225, des Kanzlers Kunrad, der 1224, des Biſchofes zu Paſſau Ulrich, der 1221, und des Herzogs Ludwig, der 1231 dieſes Zeitliche verließ, laſſen nicht zu, die Urkunde ſpäter, als auf das Jahr 1219, welches mit der nämlichen Zinszeit übereintrifft, zurückzuſetzen. Friederich nennt ſich in der Urkunde nicht einen Kaiſer, ſondern nur geradeweg König. Er erhielt die kaiſerliche Krone im Jahre 1220, folglich wurde die Urkunde vor dieſem Zeitpunkte ausgefertiget. — Uebrigens habe ich die Mittheilung dieſer, und noch mehr anderer Urkunden dem ungemein fleißigen und gelehrten Urkundenſammler Herrn P. Rieberer zu verdanken.

c) Die Grafen von Reuffen, oder Riſſe hatten ihre Güter in Schwaben. Heinrich von Riſſen kömmt als Zeuge in dem widerrechtlichen Briefe vor, den K. Friederich dem Biſchofe Konrad wegen den vertauſchten Münſtern zuſtellte, Berthold von Riſſe aber in dem Widerrufsbriefe des gemeldten Tauſches. Der letzte nennt ſich Protonotarius des königlichen Hofes, und lieferte beyden Stiftern die Widerrufsurkunden in die Hände. Einer, wie der andere war mit unſrer Mathild verwandt. Wie? — das konnte ich nicht entdecken.

Die Familie von Riſſe führte in ihrem Wappenſchilde Jägerhörner auf einander. — Sie erbte die Güter der Grafen von Graisbach: deswegen ſchrieben ſich die letzten Zweige dieſes Geſchlechts Grafen von Graisbach, genannt von Reuffen. Als ſie mit Perthold von Reuffen erloſchen, erbte Kaiſer Ludwig der Baier ihre Güter (Hund baier. Stambuch 1 Theil, 106 — 107 S.) deren Weitſchichtigkeit im Theilbriefe zwiſchen dem Marggrafen Ludwig dem Aeltern, und zwiſchen Herzoge Stephan aus Baiern beſchrieben wird. Sieh Oefel. rer. boic. ſcript. tom. II, pag. 176. Die Worte im Briefe lauten ſo: Es ſollen bey uns bleiben alle die Veſt, Gut und

Leu-

Leuthe, die der Edlmann Bertbold von Neuffen ingehabt hat, wie die genannt, und wo sie gelegen, und besonders Weissenhorn die Stadt, Puch die Vest, Neuburg, Burg und Markt Hochentrubendingen *cum pertinentiis*, und all ander Güter, wie die genannt sind, die er hinter ihm gelassen hat.

§. XIX.

Nach dem Tode Mathildens von Neuffen wurde die abteyliche Würde durch die Klosterfrau Richja wieder besetzt. Fast in einem jeden Dokumente wird ihr Name anders geschrieben, so daß es scheint, daß er eben so vielen Abänderungen unterworfen war, als viele Federn ihn daniederschrieben. Renza, Rinja, Reichja, Reihja, Richnija deuten auf unsre Richja hin. Sie nimmt in den Dokumenten ihren Platz vom Jahre 1227, bis über 1253 ein. In dem ungedruckten Codice kömmt sie öfters in Vorschein a). Nicht minder gedenkt ihrer eine Handschrift vom Jahre 1595, in welcher nebst andern Merkwürdigkeiten auch die im Stifte jährlich zu haltenden Jahrtage aufgezeichnet sind. Ihr Sterbtag wird im Todtenkalender auf den 1 Sept. angesetzet. Sie wurde neben dem St. Gilgen Altar begraben. Der Period ihrer Regierung stieg auf viele Jahre hinauf b). Sie stammt von dem merkwürdigen Geschlechte der Grafen von Dornberg ab c).

a) Codex diplomat. monast. sup. pag. 92, 94 et 95 etc.

b) Gemäß einer in Stein eingehauenen, und über die Pferdstallungthür gesetzten Schrift wäre auf das Jahr 1232 eine Wilwirg als Aebtißinn hinzuschieben. Allein da die Schrift das Gepräg vom 14ten oder 15ten Jahrhunderte mit sich führt, folglich weit jünger ist, als die Aebtißinn, von welcher sie Zeugniß giebt, so ist zu vermuthen, daß sie von der Wilwirg, welche um das Jahr 1272 öfters erscheint, zu verstehen sey. Und dieses darum, weil Richja, die im Jahre 1229 zum erstenmale als Aebtißinn auftritt, in der nämlichen Würde sich 1253 noch sehen läßt. Im Gegentheile müßte man zwo Aebtißinnen Richjen, und zwo Wilwirgen, deren eine der andern immer nachtritt, zulassen. Warum soll man bloß einer nicht gleichzeitigen Steinaufschrift zu Liebe die Zahl der Aebtißinnen ohne andere hinlängliche und überzeugende Beweggründe unnöthig und unwahrscheinlich auf einander häufen? — Vermutblich irrte sich der jüngere Stifter dieser Aufschrift, welcher der Baumeisterinn der Pferdstallung ein Denkmaal der Dankbarkeit stiften wollte, entweder in Anmerkung des Namens der Baumeisterinn, oder in Ausdrückung des ursprünglichen Jahres der Stallung. In einem oder dem andern mag der Grund dieser Unordnung gewiß stecken. Mit Grunde kann man also hier die Wilwirg übergehen, und bey der Richja stehen bleiben.

c) Rich-

e) Richza scheint eine Tochter Grafen Rudolfs von Dornberg, und dessen Gemahlinn Richza, von der sie ihren Namen erbte, zu seyn. Vermuthlich war sie das älteste aus ihren Geschwistern. Ihr jüngster Bruder begleitete um das Jahr 1275 die Würde des Domdekans in Regensburg. Ihre jüngste Schwester stund der Abtey Kircheim vor. Wolfram ihr älterer Bruder war der weitere Stammträger der Familie, welche er durch einen Sohn von gleichen Namen fortsetzte, und die mit der von Wolfram dem letztern erzeugten Tochter, welche dem Grafen Friederich von Oettingen zur Gemahlinn gegeben wurde, erlosch. Friederich wurde durch seine Gattinn Erbe der Grafschaft Dornberg.

Alles dieses dokumentirte ich in meiner Abhandlung von den Grafen von Abensberg von 73 bis 79 §., zu deren Geschlecht die Grafen von Dornberg gehören, als welche mit jenem einen gemeinsamen Stammvater in dem berufenen Grafen Babo von Abensberg jenem fruchtbaren Vater dreyßig Söhne hatten. Hier muß ich anmerken, daß ich damals unsre zu diesem Geschlechte gehörige Aebtißinn noch nicht kannte.

Die Schilderungen, welche uns die Genealogisten von den Wappen der Grafen von Dornberg liefern, sehen einander, was die Farben, und die Stellung des über die Quere gezogenen Balkens anbelangt, nicht ähnlich. Hunds baier. Stammenbuch in der sehr seltnen Edition, welcher die Geschlechtswappen beygefügt sind, Tab. V zieht rechts einen blauen Queerbalken durch ein rothes Feld. In den baierischen Monumenten Vol. III, Tab. IV zeigt sich ein durch das silberne Feld links gezogener schwarzer Queerbalken. In beyden Abzeichnungen ist der Schild mit einem ungezierten Helme gekrönt. Herr von Einzinger baier. Löw Tom. II, Tab. IV liefert zwo verschiedene Abbildungen. In der ersten erscheint ein links schreg gehender blauer Balken im rothen Felde, aus dem gekrönten Helme ragt ein mit gleicher Farbe abgetheilter doppelter Flug hervor. Die andre stellt einen rechts schreglaufenden silbernen Balken in einem oben rothen, unten blauen Felde vor, auf dem Helme stehen zwey offene Büffelshörner, deren unterster Theil blau, der mittlere von Silber, der oberste roth ist. Herr von Falkenstein antiquit. nord. Tom. II, Tab. I, et pag. 303 entwirft in einem rothen Felde einen links gestreckten Queerbalken. Der Helm ist mit einem ausgespannten auf gleiche Weise schrafirten Fluge geziert.

Da alle Abzeichnungen einen Queerbalken vorstellen, so bin ich der unveränderlichen Meynung, daß dieser das unverfälschte Geschlechtszeichen der Grafen von Dornberg gewesen sey. Daß aber der Queerbalken bald rechts, bald links laufe, und daß dieser, und der Schild bey einer jeden Abzeichnung eine andre Farbe führe, mag die Ursache der verschiedene Geschmack der Grafen von Dornberg in ihrem Wappenschilde, die Unrichtigkeit der damaligen Zeiten, und manchesmal das undeutliche Bild der Ursiegel seyn.

§. XX.

Wilwirg erlangte die abteyliche Würde nach dem Tode der Richza von Dornberg. Sie steckt unter dem Namen Willbirg, Williburg, Willebirg, welchen ihr die von ihr zeugende Dokumente geben. Der Todtenkalender, nicht

nicht minder der Katalog der in Obermünster lebenden Familie macht von ihr Meldung. Von welchem Geschlechte sie abstammt, ist bisher noch nicht mit einem entscheidenden Tone gesagt worden. Wenn der in dem Reichsstifte Obermünster vorhandenen Tafel, auf welcher die Namen der Aebtißinnen niedergeschrieben, und ihre Geschlechtswappen abgezeichnet sind, oder dem Katalog des mühevollen Hund zu trauen wäre, so könnte man ihr einen Platz in dem Geschlechtsregister der Grafen von Leuchtenberg einräumen. Sie hat ihre Lebenszeit nicht weit bis über das Jahr 1273 hinausgedehnet a).

a) Sieh §. 19, Not. b, wo ich den Fehler einer von ihr redenden Aufschrift verbessert habe.

§. XXI.

Nach dem Tode der dem Geschlechte nach noch nicht richtig entdeckten Willbirg erhielt die abteplichen Schlüssel Reicha von Lichtenberg a), wann aber eigentlich? das kann ich nicht pünktlich entscheiden. Vermuthlich stund sie dem Stifte im Jahre 1276 schon vor. Ihr Name erfuhr eben so viele Abänderungen, als jene ihrer Vorgängerinnen. Sie wird bald Richa, bald Rinchza, bald Ritza genannt. Das Nekrologium setzt ihr Sterbjahr auf das Jahr 1292, und den Tag auf den 21 Oct. (XI Kal. Sept.) hin. Ein in spätern Zeiten entworfener Leibgedingbrief vom Jahre 1313, das Burgfeld betreffend, erinnert sich ihrer.

a) Die Lichtenberger, von welchem Geschlechte Reicha ausgieng, waren eine der ansehnlichsten Familien in dem mittlern Zeitalter. Man findet Geschlechter dieses Namens in Krain, Elsaß, Schwaben, Thüringen, Tyrol und Baiern. Diese in unterschiedlichen Provinzen Deutschlands wohnenden Lichtenberger bedienten sich verschiedener Siegel. Ein entdecktes Siegel der Aebtißinn Reicha würde entscheiden, von welchen Lichtenbergern sie abstamme. Hund giebt in dem dritten noch ungedruckten Theile des bairischen Stammbuches, wie von Einzinger in seinem bairischen Löw II Theil, Seite 391 versichert, von den bairischen Lichtenbergern eine hinlängliche Aufklärung. Vielleicht ließen sich darunter die Aeltern unsrer Aebtißinn finden.

Die bairischen Lichtenberger führten in ihren Wappen einen blauen, rechts gezogenen Queerbalken in einem silbernen Felde. Die Tyrolischen theile ihren Schild rechtschören, im rechten silbernen Felde erscheint ein sechsstrahliger schwarzer Stern, im linken Quatire das nämliche Zeichen, doch in entgegen gesetzter Farbe. Die Elsasischen haben

haben in ihrem Felde einen steigenden Löwen. Welchem von diesen sieht das Siegel unsrer Aebtißinn gleich? Es haben sich in Regensburg mehrere Lichtenberger niedergelassen, welche ihre Grabstätte in Obermünster sich wählten, und deren Asche mit einem sehr abgenützten, und zum Theile unlesbaren Steine bedeckt sind. Das Lesbare lautet so:

. . . Salome de Liehtenberch, item A. D. MCCCI O. Hermanus Maritus eius de Liehtenberch.

. . . F R O Mathildis uxor Eccon -

. . . lia S. Lucie V. O. Hermanus de Liehtenberch fil. P Ecconis.

Das Wappen enthält den Queerballen, welches das eigentliche Geschlechtszeichen der baierischen Lichtenberger war. Vermuthlich waren alle diese Zweige, von welchen der Grabstein zeugt, in dem nächsten Grade durch das Band der Blutsfreundschaft mit unsrer Aebtißinn verbunden, welche sich aus dieser Ursache in die obermünsterische Klosterkirche haben begraben lassen. Ist dieses richtig, so stammt unsre Aebtißinn Reicha von den baierischen Lichtenbergern ab.

Enzelin, und die ihm nachschreibenden Lexika geben irrig vor, daß die heut so genannten Lichtenberger schon zu Karl des Großen Zeiten sich Grafen von Lichtenberg geschrieben haben. In diesem Zeitalter gab sich noch keine Familie von einem Schloße, oder Herrschaft den Beynamen, vielmehr erhielten die Mark- Land- und Grafschaften von den Besitzern ihre Benennung.

Uebrigens nahm der regensburgische Domdekan Seemann auf päbstlichen Befehl die Untersuchung der klösterlichen Zucht unter dieser Aebtißinn um das Jahr 1279 in Ober- und Niedermünster vor. Die Aebtißinn Hildegard in Niedermünster, mit ihrer Dekanian Diemtrud, und Kellermeisterinn Willeburg, und Richza die obermünsterische Aebtißinn mit ihrer Kellermeisterinn Diemud, und den Gemeinsfrauen Luikard, Adelheid, Knnegund und Fridrun gaben von den in ihren Klöstern seit undenklichen Zeiten her allgemein herrschenden Gebräuchen und Sitten, welche der Klosterregel des heil. Benedikt schnurgerade widersprachen, ein einstimmiges Zeugniß. Da sie aber auf einer Seite die Klosterregel nicht mißkennen dörften, auf der andern aber von ihren alten Gewohnheiten, welche der nießliche, und empfindliche Abnutzgeist gemäß der eidlichen eingeholten Erfahrung eingeführt hat, nicht abgehen wollten, so wurden sie von der Zärtlichkeit ihres Gewissens, das durch einige Eiferer für die Herstellung der schmachtenden Klosterzucht in Unruhe gebracht wurde, angetrieben, durch den Mund des päbstlichen Subdelegirten um gänzliche Aufhebung der Benediktinerregel zu bitten. Doch konnten sie für dießmal ihre Absicht noch nicht durchsetzen. Sieh oben §. VII.

§. XXII.

Nach dem Tode der Aebtißinn Reichza kompromittirten im Jahre 1292 die wählenden adelichen Klosterfrauen auf den Bischof Heinrich, der die dem Geschlechte nach bisher unentdeckte Jutta als Aebtißinn einsetzte. Sie wird in dem ungedruckten Codice diplomatico *a*), und in dem Katalog der in dem Münster lebenden Schwestern angezogen. Sie begleitete ihre Würde gar nicht lange, indem im Jahre 1295 XIII Kal. Nov. eine Adelheit als Aebtißinn vorkömmt.

a) Codex diplomat. super. monast. pag. 96,

§. XXIII.
Das vierzehnte Jahrhundert.

XIII Kal. Nov. 1295 also wird die Aebtißinn Adelheid zum erstenmale mit ihrem neuen Charaktere sichtbar. Dokumente vom Jahre 1298, 1304, 1309 geben von ihrem abteylichen Vorstande Zeugniß. Die von der Schelmenstraße *a*) sprechende Urkunde erinnert sich auch ihrer Person. In dem Codice diplomatico tritt sie einmal auf *b*). In einem spätern das Burgfeld betreffenden Dokumente vom Jahre 1313 wird auch ihr Name angezogen.

Baldwin Pfarrer zu St. Emmeram verschafte nach Obermünster 6 ℔ regensburger Pfenninge für einen Jahrtag. Die Frau Aebtißinn Alheid kaufte Friederichen von Ebenhausen einen Weinberg um diese Summe ab. Der auf diese neue Eroberung eingelegte Zins von 70 Pf. wurde den Chorfrauen, welche die Vigil und Todtenmesse absangen, zur Theilung jährlich überlassen. Nur bey Verabsäumung des Jahrtages fielen die 70 Pf. den Herren von St. Emmeram (ad S. Emmeramum Dominis) zu. Darüber stellt die Frau Aebtißinn dem Kloster St. Emmeram einen mit dem Abtey- und Konventsiegel versehenen, und den 19 Julii 1309 gefertigten Brief zu *c*).

Da Bertha die Walserinn auf das Jahr 1310 den 30sten Sept. in dem Charaktere einer obermünsterischen Aebtißinn sich sehen läßt, so ist zu vermuthen, daß Alheid im Jahre 1309 das Zeitliche verlassen habe, wenn je der Todtenkalender, der den 10 Nov. als ihren Sterbtag angiebt, uns nicht täuschet. Eher kann und darf man sie nicht aus der Welt hinausschicken, indem ihrer nicht nur allein in einer die Palmarum (13 Märzes), sondern in einer andern noch spätern, den 19 Julii datirten Urkunde, die ich erst benütze

ha-

habe, gedacht wird. Ihr Geschlecht ist uns unbekannt *d*). Sie stiftete sich einen Jahrtag.

a) Es wird durch die Schelmenstraße der vormalige Hohlweg zwischen Münzer, und dem baierischen Hofe jenseits der Donau angezeigt, und soll vermuthlich Schellenstraße heißen, welchen Namen sie zwoer Glocken wegen führte, deren eine zu Anfang, die andre aber zu Ende des tiefen und krummen Hohlweges, um den Wägen ein Zeichen zum Ausweichen geben zu können, angehängt war.

b) Codex diplom. Monast. super. pag. 98.

c) Dieser Brief wird noch in dem St. emmeramischen Archiv aufbewahret. Er lautet so: Nos Dei gratia A. Abbatissa, et totus conventus superioris monasterii Ratisp. præsentibus publice profitemur, quod sex libras denariorum ratisponensium, quas nobis felicis recordationis Dominus Paldwinus quondam Plebanus ad sanctum Emmeramum ob animæ suæ remedium est testatus, in comparacione vineæ Friderici de Ebenhausen, et empcione dedimus, de qua vinea singulis annis in anniversario predicti Paldwini septuaginta denarii ratisponenses dominabus sunt ministrandi, nosque anniversarium diem, cum vigiliis et missarum solempniis, prout in ecclesia nostra consuevit fieri, peragemus cum pena tali adiecta, quod quandocunque anniversarium dictum peragere neglexerimus minus caute, tunc premissi septuaginta denarii per eundem annum ad S. Emmeramum Dominis sunt donandi. In quorum evidentiam et testimonium presentem litteram voluimus sigillorum nostrorum munimine consignari. Dat. Ratispone anno Domini Mo CCCo nono XIIII Kalend. Augusti.

(Sigillum Abbatissae.)   (Sigillum Conventus.)

d) Hund Metrop. Salisb. tom. III. pag. 6 leitet Adelheiden von dem Geschlechte von Arrenbach ab. Ob Hund hier die Wahrheit rede, könnte von einem Siegel dieser Aebtisinn, welchem das Geschlechtswappen beygesetzet wäre, entschieden werden. Allein Adelheit, wie aus dem Siegel der obigen Urkunde erhellet, bedienet sich blos einer stehenden Mutter Gottes mit dem Kinde auf dem Arme ohne Beyfügung eines Geschlechtszeichens. Sollen dann die adelichen Aebtisinnen später, als die Aebte ihren Siegeln das Geschlechtswappen beygelegt haben? Unstreitig ist es, daß die Bischöfe das erste Beyspiel der Beysetzung des Geschlechtszeichens zu ihren sitzenden Bildnissen gegeben haben. Ihnen folgten die Aebte. Abt Alto von St. Emmeram setzte in einem Siegel vom Jahre 1293 dem im Pontifikalschmucke dasitzenden Abte beym Fußboden ein Kleeblatt, Abt Albert 1330 drey in die Höhe steigende Blätter binzu. Ratisb. monast. tab. IV. et in notis ad hanc tab. pag. 18.

So etwas findet man zu dieser Epoche in den obermünsterischen Abteysiegeln noch nicht. Bewog etwa die adelichen Damen ein dem weiblichen Geschlechte ganz eigner Andachtstrieb, ihre Klosterpatronin die Mutter Gottes bloß allein in den Abteysiegeln länger, als es die Zeit und Gewohnheit mit sich brachte, zu entwerfen? Oder hat eine verjährte Nachläßigkeit und Eigensinn sie beredet, das Geschlechtszeichen ihres Stammhauses später, als die übrigen geistlichen Vorsteher pflegen, ihren Frauenbildern beyzufügen? —— Von dem Ursprunge der Klosterwappen und Form der Klastersiegel sich die sehr gründlichen Anmerkungen des Herrn Benediktiners Scholliner über Herrn Augustin Maximilian Lipowsky, Frankfurt und Leipzig 1776.

§. XXIV.

Adelheid hatte zur Nachfolgerinn Berthen Wallerinn. Sie trat die Regierung im Jahre 1310 an, und setzte dieselbe 14 volle Jahre fort. Im Jahre 1315 erhielt sie von dem Kaiser Ludwig dem Baier die Lehen, und Reichshoheiten. Dokumente vom Jahre 1315, 1316, 1321 decken ihren Namen und Charakter auf. Das Nekrologium gedenkt ihrer am 24 August. Sie starb am nämlichen Tage im Jahre 1324. Ihr Grabstein, den Gewold gelesen hat, hatte folgende Aufschrift: Anno Dni MCCCXXIV — Dña Bertha Abba sup. Monast. in die beati Bartolomaei.

Es versah unter dieser Aebtißinn das Probstenamt, oder Richteramt Herr Friederich der Awer, welcher zugleich Bürger in Regensburg, und 1318 Bürgermeister allda war a). Das Pfarramt war Ulrichen von Abach anvertraut. Er starb 1318, und wurde zu St. Emmeram in der Kruft gegen Aufgang beygesetzt. Sein noch vorhandener Grabstein führt folgende Aufschrift: Anno Dni MCCCXVIII. O. Dns Ulric9 de Abach Plebanus superioris monasterii in Vigilia Epifanie.

Bertha stammt von dem vortreflichen baierischen Geschlechte der Herren von Waller ab, die in mittlern Zeiten sehr bekannt waren, und sich Wal, Waler, Wauler, Waul von Wildthurn nannten b).

a) Hunds Stammenbuch I Theil, 173 Seite.
b) Der Vater unsrer Aebtißinn war entweder Ulrich, oder Wernher der Wahler, welchem die niederbaierischen Fürsten die Feste Truchtenbing (heute Tristlfing) im Jahre 1287 versetzt haben. Hanns von Wahler war der letzte von der Linie der Wahler von Wildthurn. Die Herren von Dondorf erbten durch eine Fräule von Wahler Anna, welche sich an Jobst Wilhelm von Dondorf auf Karlstein vermählte, zum Theile den Thurn (Wildthurn).
So glänzend diese Familie in ihrem Anfange und Fortgange war, so sehr hat sie sich kurz vor ihrer um das Jahr 1540 erfolgten Erlöschung durch ungleiche Ehen mishandelt. Vor allen Zweigen dieser Familie verdienen Kaspar und Friederich Wahler das Andenken der Nachwelt. Jener war Herzog Heinrichs Hofmeister, und kaufte von seinem Fürsten die Feste Prukberg im Jahre 1415, Hunds Stammbuch I Theil, 365 Seite. Dieser gelangte zum erzbischöflichen Stuhle von Salzburg im Jahre 1279, und starb 1284 — Lazius macht irrig aus ihm einen Grafen von Dornberg. Er
kann

kannte den salzburgischen Kronisten nicht (apud Hansiz. Germ. S. tom. II, pag. 371) der ihm ein besseres Kenntniß von dem Ursprunge dieses Erzbischofes würde beygebracht haben.

Gauhen in seinem adelichen Lexikon col. 2736 verbindet die heutigen Grafen von der Wahl mit dieser Familie, und leitet jene von dieser ohne allen Strupel durch ein ihm bisher noch unbekanntes Zweig ab. — — Er irret sich sehr; indem diese Familie mit Hannsen dem Aeltern erlosch. Hund Stammbuch I Theil, Seite 366. Welche Mühe würde dem guten Gauhen die Entwerfung einer richtigen Stammtafel kosten?

§. XXV.

Irmgard trat nach dem Tode ihrer Vorfahrerinn die Regierung im Jahre 1328, den 30 August an. Sie kömmt in Dokumenten, welche ihren Namen, und ihren Charakter verrathen, von Jahren 1327, 29, 31, 35 vor, und betreffen dieselben das Dorf Greissing, die Probstey Großhausen, das Burgfeld, und eine in der Stadt Regensburg gelegene Hofstätte. Vermuthlich war sie aus dem Geschlechte der Korbecken, oder von Rohrbach a). Wenn ich mich nicht irre, so war sie diejenige, welche zu Ehren des heiligen Benedikt einen Altar aufgerichtet hat. Ohne Zweifel war dieß eine Folge der Verehrung, und ein Opfer der Dankbarkeit, so Irmgard diesem Heiligen, als ihrem Ordensstifter darbrachte. Während ihrer Regierung starb Ulrich der Frühmesser in Obermünster, dessen Gedächtniß heute noch ein lesbarer Grabstein erhält b). Irmgard starb im Jahre 1335 vor dem Feste der heilligen Magdalena c).

a) Hund handelt weitschichtig von der Familie Rohrbach. Unmöglich ist es aber, die Aeltern unsrer Aebtißin aus seinen Anmerkungen entdecken zu können. — — Er gedenkt einer Praxedis von Rohrbach, sie ist aber weit jünger als unsre Aebtißin. Praxedis stiftete sich eine ewige Messe in Obermünster, und starb allda 1505. Hund nennt sie geradeweg Monialis, Nonne. Starb sie als eine Nonne, so probirt dieß, daß nicht alle Chorfrauen auf einmal nach der zu Ausgang des 15 Jahrhunderts erhaltenen Dispensation die wenigen Ueberbleibsel der Benediktinerregel abgelegt, sondern einige davon derselben getreu bis auf den letzten Hauch ihres Lebens angehangen sind. Unterdessen wird sie doch in dem zu ihrem Gedächtniße auf dem Frauenfreythofe gesetzten Leichensteine Kanonißinn betitelt. Oder gaben ihr die wohllebenden Chordamen diesen Titel Gleichförmigkeit halber, und aus Abneigung gegen jede Ordensregel? — Der mit dem rohrbachischen Wappenschilde gezierte Grabstein spricht so: A. D. 1505 XXI Octob. Ob. ven. ac nob. Dna Braxedis de Rorbach huius Ecclesie Canonissa.

b) Die

b) Die Grabschrift des Herrn Frühmessers lautet so: Anno Dni MCCCXXXI O. Dns Ulr. Capellanus prioris misse huius loci i die btorum Mrm Marci et Marcilliani.

c) Von Irmgard redet das Jahrtags- und Todtenbuch des 15 Jahrhunderts auf den 29 Junii (III Kal. Iulii). Vielleicht ist dieser ihr Sterbtag.

§. XXVI.

Alheid die Zweyte folgte auf Irmgard. Vermuthlich wurde sie noch im Jahre 1335 gewählt, obwohl sie sich erst in einer Urkunde vom Jahre 1340 sehen läßt. Die weitern Urkunden, die uns ihre Person, und Handlungen bekannt machen, sind von den Jahren 1341, 1347, 7 Sept. Sie betreffen Pretbach, und Epprechtshofen.

Sie stammt von den Staufern ab. Dieß probire ich so: Es treten um das Jahr 1333 zwo adeliche Klosterfrauen unter dem Namen Alheidis, nämlich Alhaidis de Stauf, Cellaria, und Alhaidis de Rot, Obellaria auf. Da nach dem Tode der Irmgard nur mehr der Alheid von Rot, und nicht mehr der Alheid von Stauf gedacht wird, so folgt, daß die gewesene Kelleramtsfrau Alheid zur Aebtißinn gewählt worden, und daß man also diese Aebtißin mit Grunde in das Geschlechtsregister der Staufer *a*) hineinsetze.

Otwing oder Ortwein Staufer erlangte unter ihr die Schirmvogtey vermuthlich über eine einschichtige Probstey, indem die Hauptadvokatie über das ganze Obermünster den Herzogen aus Baiern bereits vor 100 Jahren schon von K. Friederich übertragen worden ist *b*). Es erwarb ihm die nächste Blutsfreundschaft mit der Frau Aebtißinn dieses Amt, welches an guten und ergiebigen Einkünften und Vortheilen nicht leer wird gewesen seyn.

a) Die Familie der Herren von Stauf war im mittlern Zeitalter eben so berühmt, als ihre Fortpflanzung und Verbreitung uns heut zu Tage geheimnißvoll ist. In Baiern lassen sich zwo Familien von diesem Namen sehen, die eine saß in Stauf, und theilte sich durch zween Brüder Hanns, und Ulrich in zwo Linien um die Mitte des 15ten Jahrhundertes, wovon die erste die ehrenselkische, die zwepte die fuchingische genannt wurde. Diese verlohr sich eher als jene. Das andre staufische Geschlecht saß bey Landsperg um den Lech herum. Sie versahen das Abvokatenamt in Wessebrunn, und es kommen die Herren von Stoffen (Stauf) immerzu in den Dokumenten des Klosters in Vorschein. Monum. boic. Vol. VII.

Sie

Sie nannten sich Staufer von Schmiehen. Hund baier. Stammbuch II Theil, pag. 320. — Daß diese mit jenen des nämlichen Geschlechtes waren, kann ich keine andre Probe, als die Gleichheit ihrer Wappen anziehen, die Herr von Einlinger, und mit ihm die meisten Genealogisten als eine erkleckliche annehmen, um auf die Gemeinschaft eines Geschlechtes bey Herren von eben demselben Namen solgern zu dörfen. Der Staufischen Wappenschild ist durch zwo Linien, die in einer gestürzten Spitze zusammen laufen, getheilt, zwischen den Linien ist das Feld von Silber, außer derselben von blauer Farbe.

Wenn die Aebtißinn Adlheit von den Staufern wirklich absprosset, so ist sie vermuthlich eine Schwester Ulrichs, des Staufers, der beym Herzoge Stephan Hofmeister gewesen. Sie hatte noch drey Brüder, Friederich nämlich, Ortwein Unterschirmvogt des Münsters, und Ulrich.

b) Sieh oben §. XVIII.

§. XXVII.

Elisabeth, oder Elsbeth von Parsperg a) wurde die Abtey nach dem Tode der Alheid von Stauf anvertraut. Daß sie im Jahre 1347 noch zur abteylichen Würde gelangte, zeugt eine Urkunde von diesem Jahre, in welcher sie als Aebtißinn auftritt. Die noch übrigen von ihrer geführten Würde zeugenden Urkunden sind von Jahren 1354, 57, 61, 62, und 64. Der ihr zugestellte kaiserliche Lehenbrief wird noch im Archiv aufbewahret.

Im Jahre 1349 verglich sie sich mit Konrad dem Metenpeckh wegen dem streitigen Lehen über das Gut zu Raut nächst Metenbach b).

Im Jahre 1360 den 30 Hornung bestellte sie einen neuen Prior zu St. Peter — 1369 den 9 Oct. suchte sie die Bestättigung bey dem römischen Stuhle. — Es müssen sich also neue Zwistigkeiten wegen der Priorswahl zu St. Peter, des bischöflichen Schiedrichterspruches ungeachtet, hervorgethan haben.

Die Urkunde, in welcher sie mit der gegen Westen unter des Gumprechts Sitze gelegenen eignen Hofstatt eine Aenderung traf, darf ich nicht vergessen. Sie überläßt dieselbe dem jungen Lewtbein auf Snenew c) und ihrer lieben Muenen (Muhme) Frauen Elspetn dessen Tochter, Bürgern in Regensburg. Ihre Mutter war also eine gebohrne Lewtbeininn auf Snenew d).

Sie

Sie gieng vermuthlich im Jahre 1364 oder längstens 65 von diesem Leben in die frohe Zukunft hinüber.

a) So zahlreich das Geschlecht der Parsperger in dem gegenwärtigen Zeitraume blühete, so ist doch selbes heut zu Tage erloschen. Die Zweige davon holten ihren Namen von dem Schlosse Parsperg an der Laber her. Die Herren von Parsperg waren schon in dem 12 Jahrhundert sehr bekannt. Unsre Aebtißinn war vermuthlich eine Tochter Dietrichs von Parsperg, und hatte zu Brüdern Dietrich und Hanns von Parsperg. Der letztere wurde durch Margaret von Aichberg ein Vater 7 Söhne, aus welchen einer Friederich mit Namen zur bischöflichen Würde im Jahre 1437 gelangte, und 5 Töchter. Die Namen dieser Brüder sammt ihrem Wappen sand man zu Hunds Zeiten in einem Fenster der Domkirche bey der hintern Thüre, durch welche ehedem die alten Bischöfe aus- und einzugehen pflogen, eingeschmolzen. Hund Stammbuch II Theil, 205 Seite.

Es wurde in Obermünster Agnes die Gemahlinn des Herrn Gumprechts Bürgers in Regensburg, eine Tochter des Dietrichs von Parsperg im Jahre 1357 begraben. Ohne allen Zweifel darf man sie als eine Schwester unsrer Frau Aebtißinn betrachten, welcher die so nahe Blutsfreundschaft mit der Frau Aebtißinn die Ruhestätte in Obermünster zuwegegebracht hat. Der Leichenstein enthielt einstens diese Aufschrift: An. D. MCCCLVII in die S. ————— Martiris Ob. Dna Agnes Gumprechtin, filia Dytici de Parsperch. Dem Bucelin, der im 4 Theile Stemm. I, pag. 192 der Herren von Parsperg gedenket, ist einmal nicht zu trauen. Er läßt Dietrichen von Parsperg, dessen Söhne Hannsen, und Dietrichen, und des Hannsen Söhne, wenigstens um ein Jahrhundert früher, nämlich in 13- und 14ten Saeculis auftreten, da doch aus den von ihnen zeugenden Urkunden, zumalen vom Bischofe Friederich bekannt ist, daß er in Mitte des 15 Jahrhundertes, sein Vater, und Großvater aber im 14 Jahrhunderte gelebt haben.

Sauhen in seinem adelichen Lexikon macht einen unerträglichen Fehler. Er vermenget die Herren von Parsperg mit denen von Papersperg. Diese saßen in Tyrol, und wie sie dem Namen, und Wappen nach, so waren sie auch in der That von den baierischen Parspergern unterschieden. Der parspergische Wappenschild ist horizontal gespalten, und der unterwärts gespaltete Theil wird perpendikulär durchschnitten.

b) In meiner obermünsterischen Urkundensammlung, welche mir ein rechtschaffener Gelehrter mitgetheilt hat, und die mein Freund, Herr geistlicher Rath Westenrieder in einer periodischen Schrift, welche den Titel führt: Beyträge und Sammlungen zur vaterländischen Historie, Geographie, Statistik und Landwirthschaft sammt einer Uebersicht der schönen Literatur zur Wiederherstellung des Nationalmuthes, und der gründlichen, und nützlichen Wissenschaften, auf das künftige Jahr zum Drucke befördern wird, findet man den Vergleich des Konrad von Wetenpeckh mit seiner genädigen Frauen Elspeten N. 248. dat. 1349 den Samtztages vor sand Urbanstag, d. i. 23 May.

c) Ungeacht aller angewandten Mühe konnte ich kein Ort, der den Name Snenew führt, in unserm Vaterlande finden.

d) Bey

d) Beyde Erwerber mußten ein jährliches Leibgeding von 31 regensburger Pf. bejahlen. Zeugen dieser Handlung waren die ersamen mein Hr Chunrat Pfarrer ze Obermünster, Hr Ulrich der Kirchenvorherr, Schreiber daselb, Chunrat der Chastner, Aug. der Chelner daselb. Datum 1361 des Ertag vor sand Oswaldstag, d. 1. 3 Aug. In meiner Urkundensammlung N. 87.

e) Ibidem N. 2. dat. den nächsten Suntag vor dem obristen 1366. Durch den Obersten wird der heil. 3 Könige Tag verstanden: den 4 Jän. also wurde dieser Brief ausgestellt.

§. XXVIII.

Nach dem Tode der Elspet von Parsperg wurde zur Aebtißinn von Obermünster Agnes von Puchberg *a*) gewählt. Hund kannte diese Aebtißinn nicht. Ihre Fürstlichen Gnaden die dermal regierende Frau Aebtißinn eröffneten ihr Archiv, und haben durch diesen Schritt, und durch Abänderung eines mittägigen Theiles ihrer Stiftskirche zur Entdekung des Daseyns überhaupt, und des Grabsteines Agnes von Puchberg Anlaß gegeben. Diese demnach bisher mit dem Schatten der Vergessenheit umhüllte Aebtißinn, ihr Name und Geschlecht, ihr Berufsjahr zur abteylichen Würde, und Sterbzeit werden in das helleste Licht gesetzet, und dadurch erhält die obermünsterische Geschichte einen großen Zuwachs. Agnes regierte nicht länger als zwey Jahre. Sie kam nicht ohne Prozesse zur Abtey. Ein päbstlicher Spruch machte ihre Wahl und Beruf wirksam.

In meiner Urkundensammlung befinden sich einige Auszüge aus den von ihr ausgestellten Briefen. Der wichtigste davon ist jener, welcher dem erbern vesten Ritter Herrn Seyfriden von Puchberch von Engelsberg für vorgelehnte 150 ℔ Regensb. Pf. ein jährliches Leibgeding von 20 ℔ Pf. zusichert *b*).

Sie verkaufte Liebharden dem Schmit zu Metenbach den allda ihr zugehörigen Zehend *c*), und dem Herrn Kunrad dem Werder zwey Pfründen Brodes um 20 ℔ regensb. Pf. *d*). Beyde aber genoßen, dieser die Pfründen, jener den Zehend nur lebenslänglich. — Endlich überläßt sie die in Großhausen gelegene Mühl Wolfram dem Ell auf Leib *e*).

Die Chronologie dieser angezogenen sowohl, als der nicht benützten Urkunden kömmt vollkommen mit dem ihr aus andern Gründen ausgesteckten kurzen Regierungsraume überein. Sie stieg ins Grab 1367 den 27 Junii. Ihr entdeckter Grabstein, der itzt außer der Stiftskirche an der mittägigen Seite derselben nebst andern angebracht worden ist, lautet so:

    ✠ Anno Dni. MCCCLXVII O. Dna. Agnes de Puehbergh Abbat. huius loci in craſt' ſcor Johas et Pauli.

a) Puchberg eine alte baierische Familie erbte ihren Namen von den Festen alten, und neuen Puchberg vor dem Wald. Sie war schon in dem 12 Jahrhundert, berühmt. Seyfried von Puchberg lebte zu Anfange des 14 Jahrhundertes, er unterließ zween Söhne Seyfried, und Hartlieb, welche zwo Linien stifteten, deren eine zu Hillersberg saß, die zum ersten abgieng, und ihre Ruhestätte in Osterhofen wählte, diese aber schlug ihre Wohnung zu Winzer auf. Ihr Stifter war anfangs Bisthum in Straubing, endlich schwang er sich unter dem Herzoge Stephan von Straubing zur Würde des obersten Hofmeisters. Seine Asche mit den Gebeinen der übrigen Zweigen seiner Familie ruhen nicht minder in Osterhofen. Mit seiner Gemahlinn, welche Hund für eine gebohrne von Leibsing nicht ohne Ursache hält, baier. Stammb. II Theile, 259 Seite zeugte er zwo Töchter, deren sich die jüngere Agnes, die ältere aber Osuei nannte. Unter jener steckt vermuthlich unsere Aebtißinn, welche sich ins Kloster Mittelmünster begab, und von da aus als Aebtißinn nach Obermünster postulirt worden ist. Ihr Vater zeugte aus seiner zweyten Gattinn Petrissa den Albrecht, Halbbrudern unsrer Aebtißinn, welcher im Jahre 1366 Burgermeister in Regensburg war. Er und seine Gemahlinn Ruel, und die meisten seiner Descendenten liegen zu Winzer unweit Hengersberg begraben, und sind ihre sehr prächtigen Leichensteine heut zu Tage noch allda zu sehen. Der Grabstein Albrechts Gemahlinn, der statt des Antritts zum Altare dient, hat folgende Aufschrift:

Anno Dni MCCCLX — — obiit Dna Ruhel uxor Alberti de Puchpercker in die exaltationis ſancre crucis.

Diese Ruel war eine Tochter des Grafen von Fürſtenneck; Hund Stammenbuch II Theil, 255 Seite. Puchberg führte einen sehr einfachen Schild, nämlich 3 halbe Monden im blauen Felde.

b) In meiner obermüsterischen Urkundensammlung N. 4. dieser um einen so geringen Preis sich ein so enormes Leibgeding einhandelnder Seyfried von Buchberg war vermuthlich der Onkel unsrer Aebtißinn, von welchem Hund cit. loc. Seite 249 Meldung macht —— Geldaufborgen auf jährliche mit dem Leibkaufe unverhältnißmäßige Leibzinse ist im 14ten, und in den nachfolgenden Jahrhunderten zur Mode geworden. Nicht nur allein gegenwärtige Aebtißinn, sondern auch ihre Nachfolgerinnen waren in die in der That traurige Nothwendigkeit versetzt, immer frisches Geld zu borgen, um die laufenden Zinse abführen zu können: wir werden die Ausübung dieses unangenehmen

men Nothmittels in den nachfolgenden Blättern bis zum Eckel hören. Nicht nur Obermünster, sondern alle Stifter und Klöster, außer den aufkeimenden Mendikantenorden, denen man als neuen Erscheinungen häufige Geldopfer zu ihrem Unterhalte, ohne jährliche Leibzinse von ihnen zu fodern, darbrachte, mußten in den damals drückenden Zeiten ihre Hilfsquelle darinn aufsuchen. Deßwegen muß man aber nicht den Vorstehern der Klöster eine üble Haushaltung, sondern den unwissenden Zeiten einen allgemeinen Geldmangel zu Last legen. Die obige Urkunde ist 1366 an sand Pauls Ab, da er bekehrt ward, datirt.

c) Ibidem N. 1. dat. 1365 an sand Michaels Tag.

d) Ibidem N. 3. Der Sache sind Gezeuge Hr. Chur. unf. Pfarrer, Herr Ott von Teffendorf, Peter der Freindorfer Pfarrer zu Türsenrawt, unf. Schreiber, und Chur. unf. Chastn. Actum sub 10 Dni 1369.

§. XXIX.

Nach Agnes von Puchberg erscheint eine gewisse Katharina als Aebtißinn. Ihr Regierungsperiod überstieg nicht 5 volle Jahre. Zu Anfange des Jahres 1372 waren die Abteyschlüßel schon in den Händen einer andern Frau. Von Katharina giebt eine wegen dem geißelhöringer Bräuamt abgefaßte Urkunde, Nachricht.

Ich besitze sehr viele von dieser Aebtißinn ausgefertigte Urkunden, die aber fast alle sehr unbedeutend sind. Nur von wenigen will ich den Innhalt hersetzen. Kathrein überläßt Agnesen des Percharz an dem Graz (Gras) Burgers in Regensb. sel. Wittwe, und ihren 3 Kindern zwo in dem Burgfelde gelegene Huben. Die neuen Besitzer waren verbunden nebst Eindienung 4 Sch. Gersten von jeder Hube, ein Schiff voll Holz von der Donaulände zu der Abtey, und zu den zur Abtey gehörigen Wohnungen zu führen a).

Der veßt Ritter Herr Eberwein der Valchensteiner von Zaitzkofen, und unsre Frau Aebtißinn Kathrein überlassen, diese zwar dem Ewinter von Erbsch (Erberspach) jener aber Ulrich dem Hausinger, ein Lehen von 10 Schill. regensb. Pf. welche auf dem Traublinger Grund haften, und jährlich von den Grundbesitzern entrichtet werden b).

Kaum wäre es zu glauben, daß es in diesem Zeitalter um Regensburg öde Felder sollte gegeben haben, wenn nicht eine von der Aebtißinn Kathrein, gegebene Urkunde, welche 27 bisher unfruchtbare gegen Prüfling, und 22 um die Stadt herum gelegene Aecker Hannsen dem Zellär, Cecilien seiner Hausfrau, Leibharden, und Elspeten ihren Kindern unter gewissen Bedingnissen nach Leibgedingsrecht einräumt, davon Zeugniß gäbe c). Wie wird es in unserm kriegerischen und zum Faustrechte geneigten übrigen Vaterlande ausgesehen haben, wenn öde Plätze um die fruchtbare Gegend der bevölkerten Stadt Regensburg herum anzutreffen waren!

Während ihrem abteplichen Vorstande kauften sich die Frauen Kunegund die Keßlingerinn d) Anna die Kastnerinn e) und Diemund die Freindinn f) alle Bürgerinnen in Regensburg, ewige, und ganze, die erste zwar zwo, die beyden andern aber jede nur eine Frauenpfründe im Kloster Obermünster um 20 ℔ regensb Pf.

Im Jahre 1369 erhielt Hermann der Staudigl die außer dem Hofe des Gotteshauses gelegene Hofstätte, und Haus unter der Bedingung eines jährlichen zum Oblaiamt abzureichenden Zinses von 1 ℔ Pf. davon die Hälfte unter den adelichen Nonnen, die andere aber unter den dienenden Priestern vertheilt wurde g). Nicht minder überläßt sie die vor St. Paul gelegene Hofstätte um einen jährlichen Zins von 40 Pf. Jungfrauen Elspeten der Paulstorferinn h), und das in der Burgfelderstraße bey dem St. Kaßians Winkel zum Münster gehörige Haus um einen jährlichen Zins von einem ℔ Wachs Ulrichen, und Jakoben den Poschendorfern, Perchtolden und Albrechten den Sternern, Bürgern in Regensburg i).

Sie gieng mit Eberhard dem Vässler, Bürger in Regensburg einen schriftlichen Kontrakt ein, welcher den leztern verband, alle im Münster gebrochene Fenster um ein jährliches Schaff Korn zu ergänzen k).

In dem neuern obermünsterischen Todtenkalender, und Jahrtagsbuche saec. XV. kömmt sie auf den 5 Oct. vor. Vermuthlich ist dieß ihr Sterbtag: und

und da ihre Nachfolgerinn schon in Urkunden vom 25 Jän. 1372 als Aebtissinn wirket; so folgt, daß sie zu Ausgange des 1371, oder längstens zu Anfange des darauf folgenden Jahres die Schuld der Natur bezahlt habe.

Sie soll aus dem Geschlechte der Muracher *i*) abstammen, obwohl sich dieses nicht allerdings bestimmen läßt, so ist doch dem guten Hund nichts gewisser, als eben dieses m).

a) In meiner Urkunden Sammlung N. 7: Der Brief wurde 1367 in die sci Thome apli gesiegelt. Elspet von Parsperg hat eben die nämlichen Huben dem Gemahl der Agnes an dem Gras auf Leib gegeben.

b) Ibidem N. 8. die Urkunde ist 1367 proxima feria secunda ante Martini i. e. 8. Nov. gegeben. Die Herren von Falkenstein haben Zailzlosen, welches heute den Grafen von Königsfeld zugehört, in dem 14 Jahrhunderte besessen.

c) Ibidem N. 9. Die neuen Leiber erhielten 4 Freyjahre, nach deren Verfluß sie jährlich 3 Schaff Korn, und 1½ Schaff Gersten gülten mußten. Der Brief ist datirt 1366 in vigilia sci Martini. Am Rande der Urkunde steht: Ultima persona, scilic. Liebhard Zellär obiit anno Dni MCCCC quinto fer. V. in die Dorotheé Virg. Diese in Burgfeld gelegene, folglich immediate zum Reichslehen gehörige Hube fiel demnach dem Stifte nach dem Tode dieses letzten Leibes wiederum heim.

d) Ibidem N. 11. Zeugen Hr. Chunr. unf. Pfarrer, Pet. unf. Schreiber, Chunr. unf. Chastner, und Ruger unf. Chellner. Actum anno DI MCCCLXVIII in Vigil. sci Benedicti tpe quadragesime.

e) Ibidem N. 27. Die Aebtissinn, und die gemeinen Leute des Konvents verbinden sich in jedem, auch empfindlichsten Nothfalle, und zwar unter sehr strengen Bedingnissen die Pfründe täglich an Bier und Brod, oder überhaupt a Schaff Korn statt des Brodes, und statt des Biers täglich einen Pfenning verabfolgen zu lassen. Gegenwärtige Urkunde wurde 1370 an unsr Frawen Abent, als si geporn ist, ausgefertiget.

f) Ibidem N. 29 dat. 1371 in die sce Gedrudis Vg. die Frau Diemund Freundinn genoß die gekauften Pfründen recht lange, denn sie starb erst, wie am Rande der Urkunde steht, 1404 Do letare ante fest. Gregorii ppe, d. i. 9 Märzes. Das Stift gewann nicht nur durch diesen Kauf Nichts, sondern es verlohr wenigstens 3mal so viel, als der Kaufschilling betrug.

g) Ibidem N. 14. actum 1369 in die Pirifce Virg. Es wurde bedungen, einer zeittlichen Aebtissinn bey Abänderung des alten, und also bey Einschiebung eines neuen Leibes 60 regensb. Pf. zu bezahlen.

h) Ibidem N. 17. dat. 1369 in die sci Kiliani. Unter der übrigen Zeugenschaar kömmt auch ein gewisser Friederich, welchen die Aebtissinn ihren Rath nennt, vor.

i) Ib.

i) Ibidem N. 26. Das ℔ Wachs im regensb. Gewichte mußte an unſ. Frauen Abent, oder an den Tag je Schiedung (am Mariä Himmelfahrtsfeſte) geblaſet werden. Actum 20 Dni MCCCLXX in Vig. aplorum Pet. et Pauli.

k) Ibidem N. 28. Der Brief wurde verſiegelt 1371 des Freytags vor dem weißen Suntag in der Vaſten. Unter dem weißen Sonntage in der Faſten wird der erſte Sonntag in der Faſten (invocavit) verſtanden. Der Freytag vor dieſem Sonntage fiel im gemeldten Jahre auf den 21 Horn.

l) In dieſem Syſteme wäre die Aebtiſinn Kathrein vermuthlich eine Tochter der Kunigund von Murach, deren Herr Gemahl seinem Vornamen nach noch unbekannt iſt. Kunigund machte eine prächtige Figur in dieſem Geſchlechte. Sie unterließ mehrere Kinder, wovon der ältere Sohn Konrad weiterer Stammherr ſeiner Familie wurde. Zwo Töchter der Kunigund widmeten ſich dem Kloſterleben, nach Zeugniß des fleißigen Hund. Darf ich nicht vermuthen, daß eine davon den heil. Weihel in Obermünſter erhielte, und die nämliche ſey, die nachher zur Aebtiſinn gewählt wurde?

m) Metrop. ſalisb. tom. III, pag. 5.

§. XXX.

Auf die Aebtiſinn Katharin folgte Agnes von Munebach. Hund hatte von ihr richtiges Kenntniß. Ich habe eine nicht geringe Zahl der von ihr, und ihren Handlungen zeugenden Urkunden in Händen. Ich benütze nur die Merkwürdigſten.

Sie, und ihr Konvent verliehen dem Ritter Herrn Chunrad dem Hauzendorfer von Hauzendorf das Leben über den zur Herrſchaft Obermünſter lehenbaren Sitz zu Sallach, ſo wie es vorher ſein Oheim der Herr Mennkofer beſeſſen hat. a)

Nicht minder überläßt ſie um die zwiſchen ihrem Münſter und dem Herrn Ritter Hauzendorf längere Zeit hindurch angehaltene Differenzien deſto richtiger, und zweckmäßiger auszugleichen, Dorothea b) Gemahlinn des Herrn von Hauzendorf, und ihren beyden Töchtern einen zum Münſter gehörigen Hof in Sallach unter gewiſſen Bedingniſſen auf Leib c). Herr Kunrad von Hauzendorf ſeine Gemahlinn, und ihre Erben ſtellen unſrer Aebtiſinn einen Revers aus über die zwiſchen ihnen, und ihrer gnädigen Frau (ſo nennt der Hr.

Hr. Ritter die Frau Aebtißinn) vollbrachte Ausgleichung der lange angehaltenen Zwistigkeiten d). In allen diesen Urkunden treten als Zeugen auf die Herren Ritter Ott e) der Zenger zu Chefering, zu den Zeiten des Hochgebornen Fürsten Herzog Steffan Hofmaister, Herman der Hauzendorffer zu Hawzenstein, Ott der Wallär, zu den Zeiten Schulthayss zu Regensb. Willhalm der Runtinger, Burger daselbn. Hans der Trübnbeckh von Nittenaw. Alle diese Herren außer dem leztern haben ihre Siegel dem Revers beygefügt.

Sie und ihr Konvent verkaufen mit Rath, Willen, und Gunst des erwürdigen genadigen geistlichen Herrn, und Vaters, Bischof Chunrad zu Regensb., und Heinrich des Zenger von Regenstauf, ihres Probstes, und anderer ihrer Räthe und Amtleute f) 12 Huben, eine Mühle, und 3 Hofstätte in Peinswang dem bescheidenen Manne, Prant dem grosen, Bürger zu Nürnberg um 45 ℔ regensb. Pf.g). Ist dieß nicht ein recht elender Kaufschilling für so viele, herrliche, und nützliche Grundstücke? Verdienen nicht der Bischof, der Probst, und alle Räthe unsrer Aebtißinn billige Ahndung wegen ihres unklugen, und unüberlegten Rathes, den sie zur Veräußerung so seltner Besitzungen gaben? — — Unterdessen wie die Aebtißinn, und ihr Konvent durch ihre Rathgeber, so können diese durch den in Obermünster herrschenden Geldmangel, dem sie abhelfen wollten, oder mußten, wegen dieser dem Münster höchst nachtheiligen Handlung entschuldiget werden.

Agnes und ihr Konvent verkauften im Jahre 1374 ein jährliches Leibgeld von 1 ℔ Pf. R. M. aus den Einkünften des Klosters ihrer Mitkonventfrauen Elspet der Wallerinn b) um eine von derselben dem Kloster vorgeschossenen in der Urkunde ungenannten Summe Gelds i).

Sie verband sich im Jahre 1376 gegen Frau Elspet, hinterlassene Witwe des Herrn Peter Sitaw, und gegen Thomas, und Lienhart derselben Söhne den Todestag des Herrn Peter des Sitaw Bürgers in Regensburg für und wegen einer dem Kloster vermachten silbernen 15 Mark schweren Tafel, mit Vigil, und Todtenmessen jährlich feyerlich zu begehen k).

Sie

Sie überläßt im Jahre 1377 mit Gunst ihres Probsten, des obigen Herrn Ritters Heinrich des Zenger von Schwarzeneck *l*) Leo dem Doetreiching das Kammeramt in Otmaring, welcher darüber einen mit den Siegeln der HH. Albrecht von Puchberg zu Wünzer, Wilhalm dessen Sohnes, Ulrich, und Friederich der Kamraur zu den Hartstein, versehenen Revers seiner genædigen Frauen Aebtißinn ausstellt *m*).

Elspet die Snesöglinn Priorinn zum H. Kreuz in Regensburg, und ihr Konvent hielten bey der nämlichen Aebtißinn um die Viehweide in Bärbling an, welche die Aebtißinn ihr unter einem für jedes Stück Vieh festgesetzten Zins auch zusagte *n*).

Als Pfründner haben sich unter dieser Aebtißinn um eine namhafte Summe Gelds Frau Prechte, Gemahlinn des Hr. Albrecht des Wagner Burgers in Regensburg *o*), eine unbenannte Jungfer auf Kosten Kunrad des Hauzendorfer von Hauzendorf *p*), Jakob Hewer *q*), Friederich der Pfaitler *r*), und Andre der Goppolt *s*) Bürger in Regensburg eingekaufet.

Sie ertheilte ihrem Amman in Traubling den Konsens, eine beträchtliche Wiese nächst Geiselhöring Herrn Palwin Criest, Herrn zu Hainspach, der Zeit Landschreiber in Niederbaiern auf 3 Jahre zu verstiften. Degenhard der Hofer, Viztum in Straubing siegelte den Brief *t*).

Endlich im Jahre 1379 den 26 May gieng sie, und ihr Konvent, mit dem St. emmeramischen Abte Alto, und dessen Konvent ein heiliges die Beywohnung bey den Leichenzeremonien der beyderseitigen Verstorbenen bezweckendes Bündniß ein *u*).

Agnes diese nicht unthätige Aebtißinn starb im Jahre 1380 den 19 Nov. Man sieht heute noch an der mittägigen Seite der Stiftskirche ihren Leichenstein, der folgende Auffschrift führt:

Anno Dni MCCCLXXX obiit Dna Agnes de Munpechin abbatissa superioris monasterii in die Elisabeth. Requiescat in pace.

ʒ)

a) In meiner Sammlung der obermünsterischen Urkunden N. 33. Diese, und die zwo nachfolgende Urkunden sind 1372. Den nächsten Sampztag vor Sand Gratorgen Tag in der Fasten d. 16. Märzen gegeben worden.

b) Diese Dorothea ist gemäß der Urkunde eine Tochter Herrn Friederichs des Leibsinger von Samaremchirchn.

c) Ibidem N. 34.

d) Ibidem N. 35.

e) Otto der Zenger von Ißering, Obersthofmeister muß nicht mit Otto dem Zenger, der N. N. 33 und 34 als Zeug angezogen, und Herr von Schwarzeneck genannt wird, vermengt werden: dieser war Pfleger zu Laymering, jener Richter zu Paidau, und zugleich Oberlhofmeister. Sieh Hunds Stammenbuch II. Theil, 384 Seit. Vermuthlich vertrat dieser oder jener die Stelle des Abwesenden.

f) Fast alle wichtige Handlungen geschahen zu diesen Zeiten mit Wissen, Willen, Gunst, und gutem Rathe des Probstes, und der übrigen Amtleute eines jeden Klosters: die Beweise davon kann man aus sehr vielen Urkunden herholen. Aber zielten ihre Rathschläge allzeit zum Besten ihrer Klienten ab? — Ich will mich mit meinem Urtheile nicht übereilen. Wenn ihnen nicht der gute Willen mangelte, so fehlte es ihnen wenigstens an nöthigen Kenntnissen.

g) Ibidem N. 37. Dieser Brief enthält mehrere recht merkwürdige Bedingnisse, und ist 1372 in der Fasten den Sampztags vor den Suntag, alz man singt letare d. i. 6 Märzes gegeben.

h) Eine Nonne des Münsters kauft sich um eine Summe Gelds einen jährlichen Leibzins für sich, und das Münster setzt sich selbst mehrere Pönfälle im Falle der Bezahlungsunterlassung. — Diese unläugbare That betragt sich ein für allemal mit dem Begriffe nicht, den wir uns heute von den strengen Schuldigkeiten einer mit Gelübden gebundenen Nonne machen.

i) Ibidem N. 64. actum so. dol 1374 in Vigilia see Marie Magdalene.

k) Ibidem N. 65 1376 Freytags vor dem Pfingstage, d. i. 30 May.

l) Heinrich der Zenger versah, so lange die Aebtissinn Agnes lebte das Probstenamt. Zu wünschen wäre es, daß die Folgen seiner Handlungen allzeit seiner Sorgfalt, und seinen guten Abschten entsprochen hätten. Wenigstens glückte es ihm öfter die strittigen Unterthanen des Stiftes mit der friedliebenden Aebtissinn auszugleichen. Sieh ibidem N. N. 244, 245, 246.

Nach Aussage des mühesamen Hund Stammenbuch II. Theil, 384 Seite waren Otto, und Heinrich Zenger von Schwarzeneck Brüder. Vom Otto sieh oben Nota e. Heinrich der Zenger Probst zu Obermünster hielt sich in Regenstauf auf — vermuthlich war er Pfleger daselbst.

Unter der nämlichen Aebtißinn diente als Probstrichter zu Geiselhöring, und Sallach Herr Hiltprenz der Pänzkover — Herr Liebhart war Pfarrer in Obermünster, Herr Peter Freindorffer, zuvor Pfarrer zu Türsenrant, und Geheimschreiber der Frau Aebtißinn Agnes von Buchberg, war Pfarrer zu Preising, und zugleich Chorherr zu Pfaffenmünster. In der obermünst. Urkundensammlung N. N. 246, 247. Ulrich Mellinger war als Richter zu Metenpach angestellt. Heinrich hatte die Obsorg über den Keller. Ihm, seiner Frau Elspeten und ihren Kindern Anern, Kathrein, und Hansen verlieh die Aebtißinn Munpeckinn mehrere Grundstücke auf Leib ibidem N. 256. 257. 258.

m) Ibidem N. 66. datum ao 1377 in Vigilia Mathie.

n) Ibidem N. 70. Man wurde wegen des Zinses auf folgende Art eins. Ein Füll zahlte 6 Pf. eine Melkkuhe 3 Pf. das Galtvieh 2 Pf. ein Kalb 1 Pf.

o) Ibidem N. 36. datum ao 1372 an sand Strelorgen Tag in der Fasten.

p) Ibidem N. 38. datum ao 1372 feria tertia post diem palmarum, i. e. 23 Martii.

q) Ibidem N. 39. datum 1372 sabbato post festum corporis Csti i. e. 29 Maji.

r) Ibidem N. 40. datum 1372 in die sci Gregorii.

s) Ibidem N. 41. datum iisdem ao, & die. Zu Ende der Urkunde steht: Obiit (Andreas Goppolt) 1419 in die sci Leodegarii. Goppolt war also dem guten Stifte 42 Jahre zur Last. Er empfieng von demselben wenigstens 5mal so viel zurücke, als er für seine Pfründe vorschoß.

t) In der nämlichen Urkundensammlung N. 250. Der Brief wurde 1376 Martii gegeben. Probst Heinrich der Zenger gab seinen Rath, und Willen zur Verstiftung der Wiese. — — Die Kholber brachten nach der Hand den nach St. Emmeram lehenbaren adelichen Sitz an sich. Abt Blasius Baumgartner hat nach Abgang der kholbischen Familie sich mit den Seitenverwandten mit baar erlegten 10000 fl. abgefunden, und auf solche Art das Schloß und die Herrschaft Hainspach mit dem Reichsstifte 1575 consolidiert. Mauf. Seite 460.

u) Dat. ao MCCCLXX novo in crastino sci Urbani ppe & Mart. Das Original wird noch in dem St. emmeramischen Archive aufbewahret.

§. XXXI.

Nun wurde die abteyliche Würde Margareten der Hoferinn zu Theil. Sie erscheint das erstemal im Jahre 1381. Die Gegenstände der von ihr zeugenden Urkunden sind die Weingärten von Tegerheim, ihr Extravermögen, Traubling, die Zollgerechtigkeit in Geiselhöring.

In meiner obermünsterischen Urkundensammlung finde ich, daß während ihrer kurzen Regierung Herr Johann von Abensberg als Probst dem Stifte gedienet habe, statt deffen verglich sich im Namen der Frau Aebtißinn Herr Jörg der Denklinger mit Kunrad Müller auf der Schiekelsmühl zu Geiselhöring wegen einer beträchtlichen und verseffenen Gült- und Dankmünze a) Herr Kunrad Denklinger nennt sich in der Urkunde Verweser des Gotteshauses zu Obermünster.

Margret überläßt die unter der Adelburg gelegene Wiese, Raitenbucherinn genannt dem vesten Ritter Herrn Wilhelm dem Raitenbucher auf Leib mit Rath und Wiffen ihres Probstes Herrn Hannsen von Abensberg b).

Sie verkauft einen oberhalb dem Steinweg gelegenen Weingarten Kunraden dem Rotscherf, Bürger in Regensburg zu einem rechten Leibgeding. Die Urkunde verdient wegen dem Auftritte mehrerer Offizialen des Stiftes angezogen zu werden c), welche folgende sind: Friederich Löbl Chorherr zur alten Kapelle, der Zeit Pfleger des Gotteshauses zu Obermünster, Kunrad (Vorchtmann) Pfarrer daselbst, Kunrad Prbschink, Kammerer zu Otmaring, Kunrad der Metgeb Pfisterer, Ekart Huber Kastner, Heinrich — — Kellner.

Es brannte 1382 die zum Gotteshause gehörige sehr nutzbare Mühle Kraiburg nächst Geiselhöring ab. Sie gönnte dem verunglückten Besitzer derselben 3 Freyjahre d).

Margret Hoferinn e) muß entweder in einem hohen Alter zur Abtey gelanget, oder bald nach Uebernahme derselben von körperlichen Schwachheiten überfallen, oder von Geisteskräften verlassen worden seyn, weil sie im Jahre 1383 den 29 Nov. die Abtey in die Hände ihres Kapitels resignirte. Osann die Welchenbergerinn damalige Altfrau, und das ganze Konvent stellten ihr wegen ihrem künftigen Unterhalte einen mit dem Siegel des Konvents gefertigten Brief aus, kraft deffen empfieng sie nach ihrer Abdankung nebst einer ganzen Frauenpfründe bey jedem Quatember 2 lb regensb Pf. Zur Wohnung erhielt sie ein eigenes Haus in dem Kreuzgange, zugleich wurde ausgemacht, daß in Nothjahren die Vielheit und Gattung des jährlichen Unterhaltes durch einen neuen Spruch bestimmet werden sollte *f*). Die Offizialen des Gotteshauses hatten bey dem ganzen Resignationsprozesse einen sehr thätigen Einfluß.

a) In meiner obermünsterischen Urkundensammlung N. 229 dat. 1381 in die sci Achatii. 22 Iunii. Den Brief siegelte Hiltprand der Hag.

b) Ibidem N. 69 dat. 1382 feria quinta proxima post festum sci Johis Bapte i. e. den 26 Junii: Vermuthlich ist der auftretende Wilhelm Raitenbucher der nämliche, welcher das Hofmeisteramt beym Könige Ruprecht, und zugleich das Landrichteramt zu Hirschberg, und Lengenfeld versah. Sieh Hunds Stammb. II Theil, 262 Seite.

c) Ibidem N. N. 72 73 dat. 1383 des nachsten Frittagen vor sand Katrein Tag d. i. den 20. Nov.

d) Ibidem N. 251 dat. 1382 an sand Paulstag, als er wechert war. Kunrad der Brüschalf, Probstrichter zu Geiselhöring siegelte den Freyheitsbrief.

d) Die Herren von Hofer breiteten sich nicht nur allein in Baiern, sondern auch in Holl- und Seeland, wohin sie den niederbaierischen Herzogen nachgefolgt sind, und in der Grafschaft Görz aus. Welchen Hofer die Aebtißinn Margret zum Vater hatte, läßt sich nicht zuverläßig bestimmen. Hund Stammb. II Theile, 130 Seite zeugt, daß Stephan Hofer zwo Töchter, deren eine Margret sich nannte, gehabt habe. Das Zeitalter widerspricht wenigstens nicht, daß unsre Aebtißinn unter dieser stecke — Noch weniger kann ich die richtige Sterbepoche dieser Aebtißinn bestimmen. Vermuthlich ist ihr Grabstein verlohren gegangen, oder auf eine andre Art mishandelt worden. Man sah einstens in Obermünster einen Leichenstein, der aber das Gedächtniß der im Jahre 1404 verstorbenen Katharina Hoferinn gewidmet war. ———— Uebrigens bekleidete dieses Geschlecht die Würde des Erbmarschallamts bey dem Hochstifte Regensburg in 14, und 15 Jahrhunderten —— Die Herren von Hofer nannten sich Herren von Lobenstein, und Sünching. Erster Ort liegt im straubingischen Pfleggerichte Mittenfeld, letzterer ist wegen dem gegen unser Vaterland verdienstvollen Geschlechte, so ihn heut zu Tage besitzt, berühmt. Von den Hofern kam Sünching durch ein hoferisches Zweig an die Herren von Stauf, von welchen Ulrich von Stauf die Clara von Hofer ehligte.

f) Ibidem N. 98. dat. ao Dni 1283 in Vig. sci Andree Apli. Ich würde diese sehr merkwürdige Urkunde nach ihrem buchstäblichen Innhalte hieher gesetzt haben, wenn sich nicht mein Freund der Herr geistliche Rath Westenrieder angebothen hätte, meine obermünsterische Urkundensammlung in seine Beyträge (sieh oben § XXVII Not. *b*) einzutragen.

§. XXXII.

§. XXXII.

Nach der Resignation der Aebtißinn Margareth gelangte Elisabeth von Murach, oder wie man sie zu diesen Zeiten zu nennen pflog, Elsbet die Murhärinn, oder Muracherian durch freye Wahl zur abteylichen Würde, und sie war die zweyte, welche mit diesem Vornamen, und welche aus diesem Geschlechte dem Stifte Obermünster vorzustehen die Ehre hatte — Sie giebt sich in Urkunden vom 31 Jän. 1384 an bis den 26 Jän. 1404 zu erkennen. Von der großen Zahl derjenigen, welche sie entweder selbst ausgestellet hat, oder die von ihr handeln, will ich wieder nur von den Merkwürdigsten Meldung thun.

Bald nach dem Eintritte in ihre Würde verkaufte sie dem Herrn Dekan zur alten Kapelle, Johann von Reinbach und seinem Kapitel ein ℔ regensb. Pf. jährliche Gült, welche Anna die Portnerinn Bürgerinn zu Regensburg zur Begehung ihres Sterbtages auf einen Weinberg zu Tegerheim eingelegt hat, um 20 ℔ regensb. Pf. auf Wiederkauf *a*). Sie ersetzt der Oblai des Konvents diesen Abgang durch Einlegung eines jährlichen Zinses für ein ℔ Pf. auf ihren zur Abtey gehörigen Rosenhof in Bärbling *b*). Nicht minder kaufen ihr die 8 Stände der Wolfgangs Bruderschaft, deren Obermeister damal Kunrad von Haunspeck, Kirchherr zu Viehbach war, 10 Schill. um 20 ℔ regensb. Pf. *c*), und zu Ende des 1384 wieder 2½ ℔ regensb. Pf. jährlichen Zins um 40 ℔ *d*) auf Wiederkauf ab. Sie setzt zum Unterpfande den zu ihrem Konvent gehörigen Hof zu Traubling ein, dazu gab Bischof Johann seine Einwilligung, und siegelte den Brief. Sie überläßt eine nächst dem niedern Thore gelegenes Haus und Hofstätte Kunraden dem Lorbrär, Kirchherrn zu Taßkirchen, und Elspeten seiner Schwester um einen jährlichen Zins von 18 Schill. der langen regensb. Pf. *e*).

Vor allen ist die Urkunde *f*) welche Seyfrieden von Puchberg alle Gülten, und Zinse der obermünsterischen, im Landgerichte Hengersberg gelegenen Grundunterthanen überläßt, in jeder Rücksicht betrachtungswürdig. Es wer-

werden alle Huben, die eine sehr große Zahl ausmachen, genennet, und die darauf haftenden Gülten an Getreide, Eyern, Käß, Hühnern, Gänsen, und die Geldzinse genau beschrieben. Den Revers siegelte Seifried der Puchberger zu Wildenstein, sein Bruder Otto der Puchberger von Schelnstein, und sein Vätter Wilhelm der Puchberger zu Wünzer g). Am Rande des Blattes steht: Obiit Seyfrid Puchpg ao 1392 aň Natē xpi (ante Nativitatem Christi) nach dessen Tode wurden die obigen Gülten, und Zinse Herrn Wilhelmen dem Frauenberger b) als ein Leibgeding verschrieben, welche dem Stifte zum Glück wieder 1410 den 27 Nov., an welchem Tage der Frauenberger starb, heimgefallen sind i).

Aus der Urkunde, welche nach dem Tode des Herrn Jörg des Aw (Auers) den Acker Nuspewer genannt, Dietrichen dem Prauner Bürger in der Vorstadt überläßt, ist zu schließen, daß über die Vorstadt ein eigner Richter gesetzet war. Hier giebt der H. von Pehaim der Zeit Richter in der Vorstadt einen Zeugen ab. Den von Dietrichen dem Prauner ausgestellten Revers siegelte ebenderselbe Pehaim als Richter in der Vorstadt k).

Herr Wernher der Pannhofer Pfarrer in Obermünster legirte 40 ℔ regensburg. Pf. zu einer auf dem St. Johann Altare ewig zu lesenden Messe. Die Aebtißinn Elisabeth, und ihr untergebenes Konvent, um die Stiftung zu berichtigen, legten noch 60 ℔ dazu, anstatt dieser Summe aber, die sie auf nöthige Ausgaben verwendeten, widmeten sie die auf dem Trosthof zu Franken (unweit Geiselhöring) haftenden Zinse, und Gülten zum Unterhalte des Priesters. Elisabeth präsentirte als Altaristen Herrn Ekart ihren Bruderschaftsmeister l), der jährlich aus dem obigen Hofe 16 Schaff Getreides von unterschiedlichen Sorten, 12 Schill. der langen regensburg. Pf. und 24 Pf. Wiesgeld genoß. Nebst der Schuldigkeit täglich auf dem St. Johann Altare Messe zu lesen, war er auch verbunden zu heiligen Zeiten den Chor im Stifte zu besuchen, und im übrigen die Statuten des Gotteshauses genau zu beobachten. Darüber wurden Briefe ausgestellt m).

Sie

Sie traf einen für ihr Stift vortheilhaften Tausch mit dem Abte Konrad zu Fürstenfeld. Dieser ließ ihr eine an der Paar gelegene Hofstätte an, für welche jener 6 Fuhren Holz aus ihrem Bauholze zu Großhausen verabfolgen ließ.

Herr Friederich der Löbl Chorherr zur alten Kapelle, Kathrein die Zollatinn Bürgerinn zu Regensburg, Johann Gehorsammer (Mönch zu Prüfling), und Frau Osann die Utenhoferinn Klosterfrau zu Pülnhofen nahmen Antheil an ihrer Gnade. Der Erste erhielt den zu der Kustoderie gehörigen Garten n) die zwo folgenden Personen die nächst an dem Backhause gelegene Hofstätte o), und die vierte p) endlich mehrere auf dem Steinweg, zu Wünzer, und zu Pfaffelstein gelegene Rieben (Weingärten) auf Leib, und zwar jede Person unter der Bedingniß eines jährlich zu erlegenden Zinses, der von alter Gewohnheit her auf diesen Grundstücken haftete.

Das Schreibamt in Obermünster hatte, wie die übrigen Aemter, nämlich Abtey-Keller-Oblay-Kustoderie-Infirmarieamt, seine liegenden Güter, Häuser, Hofstätten. Elspet verlieh einen zum Schreibamte gehörigen, und bey sand Paul neben der Bazenbül gelegenen Baumgarten Ulrichen dem Peissär, Bürger in Regensburg auf Leib q) der auch angelobte, 32 Pf. jährlich, und richtig zum Schreibamt zu zinsen.

Im Jahre 1390 verkaufte unsre Aebtißinn mit Einwilligung ihrer alt- und gemeinen Frauen, und mit Rath ihres Probstes Herrn Johannsen von Abensberg Jordanen, dem Kelhaimer einen Weingarten um die bey damaligen Zeiten beträchtliche Summe von 100 ℔ regensburg. Pf., und entsagte allem Wiederkaufsrechte, wenn sie denselben nicht innerhalb den ersten 5 Jahren einlösen sollte r). Samut von Särching kaufte ihr, und ihrem Konvent 5 andre zu Tegerheim an dem vordern Berge gelegene Weingärten um 170 ℔ regensb. Pf. ab s), nicht minder brachte Kunrad der Durnstetär Bürger in Regensburg 10 Weinberge auf seinen, seiner Gemahlinn Margret, und seiner Vätter Hannser Durnstetärs, und Lukas Ingolstetärs Leib t). —

Die=

Diese Veräußerungen so wohl, als das beständige Geldaufborgen um enorme jährliche Leibzinse zeugen, daß das adeliche Kloster Obermünster zu diesen unglücklichen Zeiten von seinem ursprünglichen Glanze sehr vieles verlohren habe. Die dürftige Aebtißinn Elisabeth borgte 50 ℔ regensb. Pf. um 5 ℔ jährlichen Zins von Gilgen dem Wenberg Burger in Regensburg w). Sie verband sich gegen H. Eckart Weintinger Vikari zu Sallach, ihm zu jedem Quatember 12 Schill. der langen regensb. Pf. wegen einer in der Urkunde unbenannten Summe Gelds, so sie von ihm baar erhielt, auszubezahlen x).

Heinrich von Feldkirchen Domknicht schoß 80 ℔ vor. Unsre Aebtißinn und ihre Gemeinleute übernehmen dieß ewige Kapital, und versprachen, jährlich 4 ℔, und zwar 3 ℔ zur Unterhaltung der Engelmesse im Dom, welche täglich frühe allda gelesen werden mußte, und 1 ℔ zur Begehung des feldkirchischen Sterbtages zu zinsen. Sie setzte zum Unterpfand den Zehend in Traubling ein, ja sie unterwarf sich so gar den schwersten Kirchenstrafen, im Falle der nicht richtigen Bezahlung. Hanns Bischof siegelte nicht nur allein den Brief, sondern bekräftigte auch die in dem Briefe bey nicht erfolgter Bezahlung bestimmten Strafen y).

Herr Friederich der Rubnär Dekan zur alten Kapelle stiftete mit 60 ℔ Pf. eine Frühemesse in seiner Stiftskirche, und zugleich einen Jahrtag für sich. Schon wiederum streckte unsre Aebtißinn mit ihrem Konvente die Hände nach diesem Kapitale aus, und verbürgte feyerlich 3 ℔ dem Frühemesser daselbst, welche zu dieser Zeit H. Heinrich der Wändlär, und Meister (Magister) Päwsel von Dekendorf waren, ewig zu entrichten. Doch nach der Hand hat sich das Stift von dieser Schuld, für welche die Zehenden zu Traubling, Pelsenkoben, Gebelkofen, und Hinkofen verpfändet worden sind, losgemacht, vermuthlich um die importante Zehendertträgniß wieder in die ursprüngliche Freyheit zu setzen z).

*) In meiner obermünsterischen Urkundensammlung N. N. 74, 75 datum 1384 fer. IV. proxim. post invencionem ſcē cr. welches für dieses Jahr den 4 May anzeigt. In dem Reversbriefe N. 75 datum 1305 in die ſci Johis Bapust. kommen folgende Chorherren zur alten Kapelle als Zeugen vor. Johann von Reinbach,

bach, Dechant. Eckart der Sitaw. Ulrich der Löbel. Ernst der Perchhauser. Friedrich der Löbel zugleich Pfleger des Gotteshauses zu Obermünster.

b) Ibidem N. 76 dat. 1384 fer. IV post invenc. ſ. ccis. d. i. am 4. May.

c) Ibidem N. 77. In dem Reversbriefe N. 78 de dato 1384 post ascensionem dni wird ausbedungen, daß, wenn bis zur Wiederkaufszeit die regensburger Pfenninge abschlügen, das Münster statt derselben 80 gute ungarische, oder böhmische Goldgulden erlegen sollte. Es hatte also ein ℔ der berufenen regensb. Pf. mit 4 guten Goldgulden damals ein richtiges Verhältniß.

d) Ibidem N. N. 83, 84. dat. 1384 fer. sexta prox. post festum sci Thome Apll. Es war dieß in dem angezogenen Jahre der 23 Dec. Der zum Unterpfand eingesetzte Hof zu Traubling zinste jährlich ½ ℔ Pfen., und diente nebst dem kleinen Dienste XX Schaff Getreid von verschiedenen Sorten. — Ist wohl ein Ebenmaaß zwischen 2½ ℔ Pf., und zwischen den beträchtlichen Abgaben dieses Hoses? — — H. Gotfried Chölär, und Fr. Anna Portnerinn verschafften dieses Kapital von 40 ℔ zu der Bruderschaft des heil. Wolfgang zur Begehung ihrer Sterbtage. Das damals gelddürftige Stift übernahm es zu seinem nicht geringen Nachtheile.

e) Ibidem N. N. 79, 80. datum 1384 in die ſ. Achatii Mart. (22 Junii). An der Spitze der Zeugen erscheint Kunrad Prüschiuk, des Gotteshauses Probstrichter, welcher auch den Revers siegelte. Das Haus sammt der Hofstätte, von welchem in der Urkunde die Rede ist, mußte in die Oblai jährlich 18 Schill. der langen regensb. Pf. zinsen. Das war damals ein für allemal ein wichtiger Zins.

f) Ibidem N. 85. dat. 1385 sabbato proximo ant. festum sci Pauli. So genau alle Huben, die Besitzer derselben, die auf denselben haftenden Gülten, und Zinse beschrieben sind, so vergaß man doch den Kaufschilling, den Seyfried Puchberg erlegte, (vielleicht geflissentlich) anzugeben. Der Hr. Ritter Puchberg nennt die Frau Aebtißinn seine genädige Frau. Es angesehen waren damals die Aebte, und Aebtißinnen, daß ihnen auch die vortreflichsten Ritter unsers Vaterlandes allzeit mit Achtung begegneten. Davon kann ich nicht nur allein aus den obermünsterlischen, sondern aus den St. emmeramischen Dokumenten sehr viele Beyspiele anführen.

g) Hund kannte beyde Brüder Seyfrieden, und Otten. Sie waren unter der Zahl derjenigen baierischen Ritter, welchen der nach Holland ziehende Herzog Albrecht in seiner Abwesenheit das große Insiegel anvertrauet hat. Stammb. II. Theil 250 Seite. Von dem Wilhelm Puchberg, der bey dem Kaufe dieses wichtigen Leibgedinges mitwirkte, macht Hund cit. loc. Seite 255 Meldung. — — In der Urkunde kommen als Taidinger vor der Vest Ritter H. Hein. der Aicherger in der Moß (welches heut den Grafen von Preising zugehört); Hanns der Neukofer, Richter zu Hengersperg. Hanns der Prant von Pörling. Chunrad Prüschial Chamär zu Otmaring. Elhart Huber. H. Chellner. Hanns Schreiber des obigen Gozhaus Amplaut.

h) Wilhelm Fraunberger ältester Bruder der Lukas, Hannsen, und Kaspars Fraunberger, welcher letzterer Domknich in Regensburg war, und auf Kredit seiner Erl. der Geld aufnahm, um die versetzte Präbende wieder einzulösen, schrieb sich Herr von Hag, wie ihn auch unsre Urkunde ausdrücklich nennt. Hund läßt ihn öfters als Herrn von Laberweintung, und Trautbach auftreten, nennt ihn aber nie Herrn von Hag, obwohl er mehrere von ihm in der Burge Hag ausgefertigte Briefe anzieht; sieh loc. cit. Seit. 76, 77. Dieß dient aber eben zur Probe, daß die Fraunberger in diesem Zeitraume neben andern Burgen auch Hag besessen haben.

i) Ibidem N. 90. dat. 1393 an unf Fren Leichenam Abent b. i. am 4 Jun. — Den Brief siegelte der weise, und veste Ritter Herr Hanns von Stainach d. J. Bürgermeister in Regensburg. — Von ihm sich Hunden cit. loc. II. Theile Seite 256. Am Rande des Blattes steht: It. Frawnberger o. ser. ante Adree anno decimo (l. e.) 1410.

k) Ibidem N. 86. dat. 1385 feria quinta proxima post reminiscere. Die übrigen in der Urkunde parabierenden Zeugen sind: Herr Jörg der Deuflinger Korherr zur alten Kapelle (er versah das Probstenamt in Abwesenheit des adelichen Probsten Herrn Hannsen von Abensberg sieh §. 31) Dr. Wich. der Salvdr. Hr. Chunrad Pfarrer.

l) Zu den Zeiten des heil. Wolfgang gab es in den so vielen Stiftern, und Klöstern in Regensburg eine Menge Bruderschaften. Der h. Bischof schuff alle in eine um, die nach seinem heiligen Hintritte von ihm her die St. Wolfgangsbruderschaft genennet wird, und aus den 8 Ständen in der Stadt Regensburg, nämlich aus dem hohen Domstift, St. Emmeram, aus den Stiftern zur alten Kapelle, Nieder- und Obermünster, St. Johann, St. Paul, und aus der St. Nicolai Dombruderschaft besteht. Jedes Stift wählt sich einen Bruderschaftsmeister, und dieser Bruderschaftsmeister einen obersten Bruderschaftsmeister, dem der Rang vor den übrigen gebührt, den Vorstand in den Konferenzen hat, und mit den übrigen Bruderschaftsmeistern die Bruderschaftsgüter gemeinsam administriret. So wie die Stände die auf der Bruderschaft haftenden Jahrtage, Almosen, und andre Pflichten unter sich getheilet haben, so theilen sie auch die Einkünfte der Bruderschaft unter sich. Herr Ekart war also conmagister confraternitatis S. Wolfgangi: Das ist: er saß bey den Konferenzen, er erschien bey den Leichenzeremonien der verstorbenen Mitglieder aus dieser Bruderschaft in Namen des Gotteshauses Obermünster, und trug die übrigen auf dem Stifte in Rucksicht dieser Bruderschaft liegende Bürden.

m) Ibidem N. 99. Das Stift Obermünster behielt sich das Recht auf ewig bevor, den St. Johann Altar nach dem Tode eines zeitlichen Altaristen mit einem tauglichen Subject wieder zu besetzen. Herr Ekart der erste Altarist war zuvor Früheamterer auf dem Dom. Sieh oben Note *l)* und unten Note *o)*.

n) N. 101. Hier giengen die Frau Aebtissinn, und ihre Räthe recht vorsichtig zu Werke. Es war dem Abte zu Fürstenfeld nicht erlaubt, das Holz nach Belieben, sondern nach Anweisung des obermünsterischen Försters zu fällen. Bey Uebertretung dieser Vorschrift wurden die Leute des Abtes wie andere ungebethene Holz-
güste

gäste gepfändet. Man machte auch unter den Kühren, deren man 3 große, und 3 kleine ausbedung, einen wesentlichen Unterschied. Der Förster erhielt für seine Bemühung 4 Pf. Der Tausch wurde geschlossen 138 — proxima dominica ante Martini.

o) Ibidem N. 103. der Knich Löbel nahm es auf sich, den Garten mit den besten Fruchtbäumen zu besetzen, die Gartenmauern herzustellen, und Weinstöcke zu pflanzen. Deswegen sagte ihm das Stift 6 Freyjahre zu, nach deren Verfluß war er verbunden jährlich in der Oblai 60 Pf. zu zinsen. Herr Löbel muß den Baumpflanz verstanden, und mit dieser einem Priester eben so anständigen, als dem Publikum nutzbaren Beschäftigung seine Vergnügensstunden zugebracht haben. Thaten unsere Vorfahrer nicht alles dasjenige, mit welchem wir uns heute so sehr brüsten? — — Die Urkunde ist 1387 fer. VI post pentecosten (31 Maji) gegeben.

p) Ibidem N. 105. Der in der Urkunde angezogene Mönch von Prüfling Johann war ein Sohn des obermünsterischen Kastners Elprecht Hubert. Der Zins warf ein ℔ Pf. aus, und gehörte zur Oblai. Teudinger waren Elart Oblaier zu Obermünster (er war zugleich Bruderschaftsmeister und Altarist des St. Johannaltars) Hr. Jakob Prunhover, Schultheiß zu Regensburg. Hein. der Ebelner zu Obermünster, und Friederich der Vorsprech, all Purger zu Regensb. sacta. 1387 in die exaltac. sce crucis.

q) Ibidem N. 106 factum ao dni 1390 fer. II ante invocavit (14 Febr.) — die Klosterfrau zu Pülnhofen Anna war eine Tochter des vorigen Leibes, Adam Utenhofers. — Es wird die uneingeschränkte Benutzung aller dieser in der Urkunde genau beschriebenen Rieben den neuen Leibern eingeräumet. — Oben also ein Mönch, hier eine Nonne besitzen Eigenthümer auf ihren Leib. Das Gelübd der Armuth, welches dergleichen Besitzungen ausschloß, muß man in dem 14 Jahrhunderte nicht in einem so strengen Verstande, wie heute zu Tag genommen haben, oder welches wahrscheinlicher ist, man muß den einzeln Innwohnern der in der Noth und Dürftigkeit schmachtenden Klöster ohne mindeste Gewissensangst Eigenthümer zu erwerben erlaubt haben, um dadurch der allgemein drückenden Armuth aller Innwohner zum Theile abzuhelfen. — — Am Ende der Urkunde steht: Prescripta Anna obiit ao Dni MCCCCXII in vig. bei Mathei apli & Eva.

r) Ibidem N. 108. Das ist geschehen 1389 Samptstags nach unser Fraun Tag zu Lichtmesse (6 Hornung). Zu Ende der Urkunde ist zu lesen: Obiit Ulricus Peyssar ao 14 sedecimo (1417) circa festum sci Adree apli.

s) Ibidem N. 109 dat. 1390 an sand Pauls Abent, alz er bechert wart. Zeugen: Hr. Kunrad Weygel Pfarrer zu Tegerheim, Kunrad der Präschink des Gotteshauses Kantnär (cantor). Herr Hanns von Abensberg siegelte den Brief.

t) Ibidem N. N. 113, 117. Der letzte Brief, der von dem Verkaufe 3 Weinberge zeugt ist 1395, des Montags nach unser Frauen Tag zu Lichtmesse (8 Horn.) der erste aber, der wegen dem Verkauf zweyer anderer ausgestellt wurde, ist dem nämlichen Jahre dem Mitichn in der ersten Vastenwoche (3 Merz) datirt.

u) Ibidem N. N. 178, 180. Der erste Brief wurde 1396 des Erchtags nach sand Jörgen Tage (25 April) der Revers aber des Durnstetars 1396 des Erchtages nach sand Urbans Tags (30 May) ausgestellt — Kunrad Durnstetär, und die übrigen Theilnehmer an diesem Leibgedinge, nehmen auf sich den Wein des Stiftes Obermünster aus dessen Weinbergen unentgeltlich in den Stiftskeller zu liefern. Lukas Ingolstäter liegt in dem Domkreuzgange begraben. Sein schöner Leichenstein hat folgende Aufschrift.

Anno Dni MCCCCXLIIII Jar starb d' erber Man, her Lucas Ingolstetar an sant Niclas Nacht, dem Got genad.

w) Ibidem N. 114 dat. 1393 des Montags nach unser Frauentage zu Lichtmesse (3 Horn.) Im Falle der Nichtbezahlung des auf 5 ℔ Pf. ausbedungenen Zinses wurden als ein Pfand 10 Schaff schweres Getreid aus den 7 in Burglgeld gelegenen Huben eingesetzet. Man tarirte demnach ein grosses Schaff schweres Getreid auf ein ⅜ ℔ Pf. zu Ende des 14 Jahrhundertes.

x) Ibid. N. 119. — 12 Schilling machen 360 Pf. oder 1½ ℔ Pf. Diese zu viermal das Jahr hindurch geben 6 ℔ Pf. Die Urkunde ist 1395 an sand Pet. und sand Paule Abent der heil. zwelf Poten gegeben. Am Rande derselben steht: Pfarr dns Ekhardus obiit anno Dni MCCCC sedecimo fer. sexta in Vig. sci Lamperti Mt. soll heissen fer. V. (16 Sept.) der gute Vikar Weintinger lag dem Stifte also 22 Jahre auf dem Halse, und sein Kaufschilling hatte gewiß nicht mit demjenigen, was er so lange, und so reichlich genoß, das mindeste Verhältniß.

y) Ibidem N. 189. dat. 1400 des Freytags nach dem Suntag als man singet Letare zu Mittenvasten (2 April). Es wurden 2 gleichlautende Exemplarien von dieser Urkunde ausgefertiget, davon eines in die Verwahr des Domkapitels auf den Sagrär (in der Kustoderie) das andere in dem Stadtarchive hinterlegt wurde. Hinten daran steht die icha: b.rvolle Konfirmation des Bischofes sub dato eodem.

z) Ibidem N. 111. Am Ende steht: Das ist wezalt, und gericht. Gut — dadurch kamen die Zehende wieder aus ihrer Gefangenschaft.

§. XXXIII.

Alle diese Auswege erkleckten noch nicht zu den jährlichen Abgaben, unter welchen die stipulierten Leibgedinge einen schweren Platz einnahmen. Was Raths? Man borgte neue Gelder, deren geringer Werth mit den versprochenen Leibzinsen wieder kein Gleichmaaß hatte, und stieß damit die das Jahr hindurch verfallende ältere Leibzinse ab.

Unsre

Unsre Aebtißinn verkaufte aus dieser Absicht Friederichen dem Lamaier zu Weissenkirchen ein jährliches Leibgeding von 3 ℔ regensb. Pf. *a*), der Wittwe Frau Kunigund Gelitschinn Bürgerinn ein anderes von 4 ℔ *b*), Mathesen dem Amman von Sallach ein nämliches von 5 ℔ um 30 ℔ Pf. *c*), Friederichen dem Lehnär, Bürger in Regensburg jährlich und ewig 1 Schaff Weizen, und 1 Schaff Korn um 10 ℔ Pf. *d*), und endlich kurz vor ihrem Hintritte einem Söldner von Regensburg Töschen genannt, 6 Schaffe Getreides aus dem Malerhofe zu Geiselhöring um 30 ℔ Pf. *e*), eben auch jährlich, und ewig.

Vor allen verdient hier die Urkunde, welche diese Aebtißinn Kunraden dem Murher zu Murach, Chörnhafel genannt, für ein jährliches Leibgedinge von 8 ℔ Pf. wegen empfangenen 354 reinischen Goldgulden ausstellt *f*) und der Revers des Ritter Murhers, in welchem er dem Stife den Wiederkauf und Einlösung dieses Leibgedinges zusteht, eine Stelle *g*). Wir lernen aus diesen Briefen den Vater und Bruder unsrer Aebtißinn kennen; jener ist der obige Kunrad der Murher zu Murach genannt der Chornhasel, dieser ist Paul der Murher, beyde waren dem fleißigen Hund unbekannt — — Margret Satelbogerinn Elisabeths Nachfolgerinn tilgte einen Theil dieser Schuld.

Die Aufnahme bemittelter Pfründner war ein nicht minder fruchtbares, doch zu Zeiten, zuförderst wenn der Pfründner eine langwierige Gesundheit genoß, ein sehr unglückliches Mittel, das nöthige Ausgabgeld aufzutreiben. Mehrere kauften sich währender Regierung der Aebtißinn Murherinn Pfründen im Stifte. Frau Kunigund die Prülarinn Wittwe und Bürgerinn *h*), Frau Elspet, Herrn Eberhards von Isling Wittwe *i*), Herr Heinrich der Liebhart Pfarrer zu Pettendorf *k*), Jungfer Margret Möringerinn, Bürgerinn zu Regensburg *l*), Friedrich der Lomaier zu Weissenkirchen *m*) handelten sich um ihr erworbenes und erspartes Geld ganze, Jungfer Ottilia Stainmaierinn gesessen bey den Barfüssern *n*), Frau Anna die Pretzenschützinn Bürgerinn in Regensburg *o*), und Frau Elsen von Sneberch *p*) halbe Frauenpfründen *q*) ein.

a) In meiner obermünsterischen Urkundensammlung N. 110. Es wurden Friederich dem Lamair 11 Schillinge Pf. auf dem zum Stifte gehörigen Grundgut zu Weissen-

Kirchen, welches er damals mit eignen Rücken besaß, 3 Schillinge auf einer andern Stiftshube, angewiesen, und endlich versprach man ihm 10 Schillinge aus den Gütern des Gotteshauses in und um die Stadt Regensburg. Diese 24 Schillinge haben mit dem 3 ℔ Leibgeding, das er sich ankaufte, ein richtiges Verhältniß. Das nachtheiligste bey allen diesen verkauften Leibgedingen für das Gotteshaus war, daß es bey jedem über den Hals kommenden Unglücke doch die Leibzinse ordentlich, und ohne allen Nachlaß, und Nachsicht zu bezahlen, unter den promptesten, empfindlichsten, und wirksamsten Pönfällen, die es sich selbst gesetzet hat, gehalten war. Gegenwärtiger Brief ist 1401 den nächsten Erichtag nach sand Marteinstag des heil. Bischof (15 Nov.) datirt.

b) Ibidem N. 194 datum 20 Dni 1403 in Vigilia Udalric, epi (3 Julij). Am Rande ist zu lesen: uo 1414 *in die Kalixti ppe er mr pſcr Kunegund Grützſchyun obiit.* Die Kontrahentinn lebte 11 Jahre, das Stift verlohr also ganz gewiß bey diesem Handel.

c) Ibidem N. 198 datum 20 Di 1403 in Vig. fci Martini Mathäus Amman erhielt zu jedem Quatember 10 Schillinge. 40 Schillinge machen 5 ℔ aus. Hatte der Kontrahent das Glück 6 Jahre zu leben, so hat er den ganzen Kaufschilling zurücke erhalten. An den darauf folgenden Jahren, die er noch durchlebte, genoß er den Leibzins umsonst.

d) Ibidem N. 200. Es wird hier eine ewige Gült von 2 Schaffen hartem Getreide um 10 ℔ Pf. hingegeben. — Niemand würde die Möglichkeit dieses ungleichen Kontrakts zulassen, wenn nicht gegenwärtige Urkunde gutstünde, welche in dem nämlichen Jahre und Tag, wie die obige, datirt ist.

e) Ibidem N. 201. Eben so auffallend ist gegenwärtiger Kontrakt, der 1404 in die Timothei apli (24 Jän.) geschlossen, und durch welchen jährliche 6 Schaffe hartes Getreid veräussert worden sind. Entweder sind die Räthe, und Amtleute des Gotteshauses, ohne deren Bestimmung keine Veräusserung statt fand, unkluge, und finstere Leute, oder der klingende Pfenning ist an allen Orten ausserordentlich selten gewesen, oder der äusserste Geldmangel muß insbesondere das Gotteshaus Obermünster gedrückt haben, oder alles miteinander wirkte zusammen, daß man einen so hohen, und ewigen Werth, um einen so geringen, und schnöden Preis verschleppte. Welcher Abstand dieser unglücklichen Zeiten von den Unsrigen, der damaligen Haushaltung von der heutigen!

f) Ibidem N. 186. Der Herr Vater gieng doch mit seiner Frau Tochter ehrlich zu Werk! Er übernahm das Stift nicht nur allein nicht mit den ausbedungenen Zinsen, sondern letztere waren einmal gegen das damals recht vielsagende Kapital zu geringe. — Dieß ist das einzige Beyspiel der Großmuth und Ehrlichkeit, das ich in meiner gegenwärtigen Urkundensammlung finde, welches aber die hier zusammenpassenden Umstände ganz natürlich, und begreiflich machen. Der Vater schonte das Gotteshaus wegen seiner Tochter.

g) Ibidem N. 186 dieser, und der obige Brief sind 1399 an sand Veits Abent des heil. Martirs gegeben. Kunrad der Murher trug sich aus, daß das Kapital in Goldgulden, die gut von Gold, und schwer im Gewichte sind, über lang oder kurz zurückbezahlt werde. Man wog also damals schon das Goldgeld.

h)

h) Ibidem N. 96 dat. 20 1385 dominica Letare (12 Merz). Als Zeug kömmt Hr. Erhard der Sitaw Pfarrer zu St. Casian, und Chorherr zur alten Kapelle vor.

i) Ibidem N. 118 dat. 1395 des nächsten Freytags nach St. Urbanstag (28 May.) Die Amtleute des Klosters die als Zeugen anstretten, der Probst nämlich, Kastner, und Kellner werden Bürger zu Regensburg genennet.

k) Ibidem N. 184 dat. 1398 des nachsten Montags nach sand Dionisi Tag des heil. Bischof (14 Oct.). Der Pfarrer Liebhart genoß die Pfründe fast 29 Jahre. Dieser Pfründner hat dem Gotteshause gewiß mehr geschadet, als genutzet. Zu Ende der Urkunde steht. Ao. 1427 obiit præscriptus Hainricus de Pettendorf fer. VI post ascens. Dni (am 30 May.)

l) Ibidem N. 174 dat. 1396 an unser liebn Frawn Abnt zu Lychmeß. Die Jungfer Möringerinn starb gemäß der Unterschrift in der Urkunde, den 6 März. Obiit anno Dni 1412. Fr. feda in Vigilia Perpetue, & Felicitatis.

m) Ibidem N. 197 dat. 1403 in die Erhardi epi (8 Jän.)

n) Ibidem N. 196. dat. 1403 an sand Choloman Tag des heil. Marter (13 Oct.) Die Barfüser stecken unter den heutigen PP. Minoriten, und bewohn ten dasjenige Kloster, welches heut zu Tage diese inne haben.

o) Ibidem N. 116 dat. 1394 des nächsten Pfinztags vor sand Kathain Tag der heilig Junckfraw (am 19 Nov.)

p) Ibidem N. 182 dat. 1399 an sand Gregori Tag des heil. Pabst in der Vastn. Obiit (Elsen von Sneberch) 1423 in die sei venancli Martiris (18 Maji.) Sie war also 24 Jahre dem Gotteshause zur Last. Fast bey jedem Ankaufe einer Pfründe spielte der Herr Pfarrer Borchtmann, und der Abteyschreiber, und Domvikar Werdär die Hauptrolle. Vielleicht waren sie beyde diejenigen, welche die Pfründner anwarben. Ihre Absicht mag allzeit die beste gewesen seyn. Allein die Folge entsprach ihr nicht allzeit.

q) Ein jeder Pfründner oder Pfründnerinn schoß von seiner Ersparniß dem Stifte eine seinem Alter angemessene Summe Geldes vor. Das Stift, die Aebtißinn nämlich, und die Gemeinleute des Konvents verpflichteten sich schriftlich die bedungene Pfründe ohne mindeste Rücksicht auf die über das Stift hereinbrechende Unglücksfälle entweder in Natura, oder das Brod an Getreide, und das Bier in Geld ausfolgen zu lassen. Eine ganze Frauenpfründe betrug täglich einen Wecken Brod, und 3 Köpfel Bier, oder überhaupt 2 Schaff Korn, und 17½ Eymer theils häuntiges, theils süßes, das ist, theils Sommer-theils Winterbier. Eben so viel, und nicht mehr machte eine ganze Klosterfrauenpräbend aus, und jede adeliche Nonne erhielt an diesen beyden Nahrungsmitteln auch nicht mehr. Konnte das Stift die täglichen Schenken Biers aus was immer für einer Ursache nicht absolgen lassen, oder wollten die Pfründner dieselben in Natura nicht nehmen, so zahlte es für jede Schenke Biers einen einzigen Pfenning. Es kosteten also 3 Köpfel Biers 1 Pfenning. Die Hälfte von beyden Korn, und Bier warf eine halbe Pfründe ab. Jeder Pfründner behielt sich bevor, seine Pfründe verkaufen, versetzen, oder verwechseln zu dörfen, und das Stift war gebunden, die Pfründe demjenigen, der den Pfründebrief eingehandelt hat, ohne Widerrede mitzutheilen.

§. XXXIV.

Nun wollen wir noch die übrigen Handlungen dieser merkwürdigen Aebtißinn, und Auftritte, die sich während ihrer Regierung zutrugen, übersehen.

Peter der Weger Richter zu Deggendorf übernahm den zum Gotteshause Obermünster gehörigen Reichhof zu Rotenbach. Er verspricht unserer Frau Aebtißinn die jährlichen darauf liegenden Abgaben getreulich zu entrichten a).

Lienhard der Sitau Bürger in Regensburg verehrte dem Gotteshause Obermünster ein silbernes 14 Mark schweres Frauenbild, welches die Chorfrauen an jedem Frauenfeste, und an den Tagen der 12 Bothen auf dem Choraltare aussetzen sollten, und zugleich mußten sie den Sterbtag Peters Sitau, Vaters des obigen unter einem empfindlichen Pönfalle mit den im Münster gewöhnlichen Trauerzeremonien begehen. Darüber stellt die Frau Aebtißinn einen Brief Lienharden dem Sitau aus b).

Die Geschäftsherren (Executores testamenti) des Herrn Hannsen Graber seel. Bürgers in Regensburg, nämlich die Herren Matthäus der Wintinger, Paul der Prunhofer, Jakob der Kramer, Ulrich der Tumpichl, und Herr Lienhard der Stadtschreiber übergaben unsrer Aebtißinn 20 ℔ regensb. Pf. zur Unterhaltung des ewigen Lichts vor unsers Herrn Marter bey dem Altar des heil. Johann, welches der lebende Salver mit eigner Hand, und auf seine Kosten täglich angezündet hat. Die Aebtißinn, und ihr Konvent versprachen schriftlich bey sträflicher Unterlassung jeder täglichen oder nächtlichen Anzündung Tags darauf 4 ℔ regensb. Pf. zur Lesung einer Messe auf dem St. Johannesaltare auszubezahlen. Zum Unterpfand dieser schriftlichen Verbindung setzte man noch zum Ueberflusse den auf der Hofstätte und Hause, welches vor Obermünster oberhalb dem Brunnen lag, haftenden Zins von 10 Schill. der langen regensb. Pf. ein c).

Gertraud die Reindlinn in dem Spielhof, Bürgerinn zu Regensburg schaffte nach Obermünster eine jährliche Gült von 1 ℔ Pf. um eine ewige Messe. Elisabeth ließ sich die jährliche Gült um 20 ℔ Pf. abkaufen, versprach die ewige Messe zu besorgen, behielt aber sich, und ihren Nachfolgerinnen das ius praesentandi vor *d*). Sie stellte auch zum ersten Altaristen dieser Messe Herrn Stephan Armgemacher auf *e*).

Elisabeth unsre geschäftvolle Aebtißinn vergleicht sich wegen einer strittigen Lehenschaft mit Hannsen dem Judmann von Steingrief durch die Vermittelung Handreichen Abtes von Biburg, Herrn Jobsten von Abensberg, und des vesten Ritters Hannsen des Altheimer, Pflegers zu Abensberg *f*). Ihr Vater Herr Kunrad der Murher stiftet zwischen seiner Tochter, und zwischen der Frau Anna der Ekhartinn Bürgerinn und Wittwe einen Vergleich wegen der zum Stifte gehörigen, und von der obigen Ekhartinn angestrittenen Weinberge zu Tegenheim an dem Hartperg. Letztere sammt ihrer Muhme, und deren beyder Kinder erhielten dieselben auf Leib *g*).

Wie es bey allen geistlichen Gemeinden gewöhnlich war, so ließ auch die Aebtißinn Elisabeth die fehlerhaften Grundholden durch ihren Probst bestrafen. Sie ließ Kunraden den Schickel auf den Linn zu Geiselhöring durch ihren Probst, den vesten Ritter Herrn Friedrich den Awer zu Prennberg in das Gefängniß werfen, und ertheilte ihm alsdann erst die Freyheit, nachdem er 8 Bürgen für sein zukünftiges, ruhiges, und pflichtmäßiges Betragen gestellt hatte *b*).

Martin Gerhart, und Margret seine Hausfrau stifteten eine Frühemesse in der Pfarrkirche zu St. Peter in Geiselhöring. Zum Unterhalte des Frühemessers schenkten sie zween eigne doch zum Kloster Obermünster lehenbare Höfe in Greising her. Auf Fürbitte des Herzogs Albert in Niederbaiern sprach die Aebtißinn Elisabeth, und die Gemeineleute beyde Höfe von der Lehenpflicht los, mit der Bedingniß, daß der zeitliche Frühemesser jährlich das auf dem freyen Werd zu Greising eingelegte Pfund Pfenning nach Obermünster in Zukunft be-

bezahle. Darüber stellt Kunrad der Gerhart erster Frühemesser einen Brief aus, den das bischöfliche Vikariat, die Herren Friedrich der Awer zu Prennberg, der Zeit Probst des Gotteshauses, und Otto der Eller, der Zeit Pfleger zu Eiting versiegelt haben i). Es wirkten also Privatbürger, das Stift Obermünster, und der Herzog Albert zur Stiftung der Frühemesse, welche doch in unserm Jahrhundert der unangenehme Stoff zu einem langwierigen und verwirrten Prozesse unglücklicher Weise geworden ist, zusammen k).

Was ich bisher aus den in meinen Händen liegenden Urkunden angezogen habe, legt uns einen nicht undeutlichen Zug des kummer- und sorgenvollen Wirkungskreises der Aebtißinn Elspet Murhärinn l) vor Augen.

a) In meiner obermünsterischen Urkundensammlung N. N. 176 — 177 dat. an Montag vor sand Paulstag.

b) Ibidem N. 173 dat. des Pfinztag vor sand Johannes Tag zu Sunbent (18 Junii). Es wurde ein doppelter Pönfall, 200 Goldgulden nämlich bey Veräußerung der silbernen Statue, und die nämliche Summe im Unterlassungsfalle des Jahrtags gesetzet. — Die Festsetzung dergleichen Pönfälle zeugen, daß man Argwohn, und Mißtrauen gegen das sogar schriftliche Versprechen der Stifter, und Klöster entweder aus' gutem Grunde, oder aus einem dortmals herrschenden Vorurtheil geschöpfet habe, weil fast allzeit die ordentliche Begehung der gestifteten Jahrtage durch bestimmte Geldbußen gesichert wurde. — Aber wenn das Münster das Unglück gehabt hätte in die gegen die Unterlassung dieses Jahrtages tarirte Geldbuße zu verfallen, wäre nicht die Aufborgung neuer Jahrtagskapitalien, oder Leibgedinge das einzige erträgliche Mittel gewesen, um diese gewiß über die Schranken aller Billigkeit gestimmte Strafe bezahlen zu können?

c) Ibidem N. 181 dat. 1399 an sand Gregorien Tag des heil. Babst in der Vastn. Der Priester mußte die Messe für die Seele des Stifters dieses ewigen Lichts appliciren. Man zahlte also zu diesen Zeiten 4 Pf. für eine Meßapplikation, welche auch zum anständigen Unterhalte eines Priesters zureichten. Oben §. XXXIII. Not. q. ist der Preis für 3 Köpfel Bier auf 1 Pfennig angesetzt. Verhältnißmäßig wird also Fleisch, Kleidung, und Wohnung nicht höher bey diesem geldleeren Zeitraume gestanden seyn.

d) Ibidem N. 188 dat. 1400 an sand Johanns Abent zu Sunnbuttn.— Friederich Armgebacher war es, der sich die ewige Gült von 1 Pf. um 20 ℔ Pf. einhandelte. Vermuthlich wurde aus dieser Ursache Stephan Armgemacher zum ersten Altaristen präsentirt. Der unbedeutende Kaufschilling verschwand. Das gute Stift hatte also nebst der leeren Patronatsehre die ewige Last den Priester wegen dieser Wochenmesse zu befriedigen.

e)

e) Man kann die Annahme der ewigen Kapitalien für gestiftete wöchentliche, und tägliche Messen, und Jahrtage als ein neues Hilfsmittel ansehen, die ordentlichen, und außerordentlichen Ausgaben, welche letztere zuförderst zu dieser Epoche sehr anwuchsen, zu bestreiten. Aber diese Rettungsquelle war ungleich gefährlicher, als die Leibzinse, und Pfründen. Diese sturben mit dem Leibe ab, jene, die Abgaben auf gestiftete Messen gehen immer fort, obwohl der Fond schon längstens verseiget ist. So unvorsichtig nämlich wirthschaftete man in dem 14, und 15 Jahrhunderten: man dachte nur auf das Gegenwärtige, und erwog das Zukünftige nicht.

f) Ibidem N. 185. fact. 1399 domin. proxima ante festum Simonis & Jude Apost. (26 Oct.) Zeugen bey dieser Ausgleichung waren Ulrich der Judman von Arenbach, Hartprecht Achdorf Richter zu Kelhaim, Ott Quechtaler, Peter Hoffleter, Hanns Gravenreuter, Bürger zu Regensburg.

g) Ibidem N. 252. fact. 1393 quarta feria post nativitatem beate M. Virginis (10 Sept.)

h) Kunrad der Schiekel mit seinen Bürgen, deren die mehresten von Geiselhöring waren, und in der dasigen obermünsterischen Hofmark das Burgerrecht hatten, stellt einen Revers seiner gnädigen Frauen Aebtißinn, und den Gemeinleuten des Konvents wegen seines zukünftigen Wohlverhaltens aus, welchen Hanns der Hainspeck von Sallach, und Bernhard der Armsperg von Sengkofen siegelten sub dato 1403 fer. III ante conversionem sci Pauli apli (23 Jän.) Ibidem N. 199 — Aus dieser That, und Urkunde kann hinlänglich probiert werden, daß das Stift Obermünster nicht nur allein die jurisdictionem realem, sondern auch personelem über ihre Grunduntethanen in Geiselhöring in diesem Zeitraume ausgeübet hat. — Und itzt will man ihm die jurisdictionem realem anstreitten? Wie? warum?

i) Ibidem N. 203. Sollte der Kaplan in Abführung seiner Schuldigkeit nachläßig seyn, so hatte die Aebtißinn die Freyheit, denselben so, wie ihre andern Grundunterthanen in der Hofmark Geiselhöring zu pfänden. Der Brief ist in Vig. sancti Georii 1404 gegeben. Dieser Brief giebt der Wahrheit meiner Anmerkung in der obern Note, daß nämlich die Aebtißinn die jurisdictionem personalem über ihre Grunduntethanen wenigstens in Rücksicht auf Eintreibung ihrer Gülten, Zehenden, Zinse, und in Hinsicht auf Bestrafung der ihr angethanen Beleidigungen, und Unbilden hatte, neues Gewicht.

k) Möchten doch die frommen, und heiligen Absichten der Stifter, und Mitstifter dieser Frühemesse auch der Stoff zur Beruhigung, Vereinigung, und Ausgleichung der irrgeführten Gemüther werden.

l) Die Herren von Murach schöpfen ihren Namen von der Feste Niedermurach vorm Walde her, welche sie noch zu den Zeiten des berühmten Hund besaßen. Sie theilten sich vor Mitte des 14 Jahrhundertes in zwo Linien, die erste wurde Murach von Flügelsberg, die zweyte Murach von Guteneck genannt. — Sollten die Grabsteine, und die von ihnen redenden bisher zunutergesuchten, und in tiefem Staube begrabenen Urkunden von einem Geschicht- und Geschlechtskundigen gesammelt, und mit den bereits von der baierischen Akademie gelieferten Dokumenten verglichen werden; würde man im Stande seyn, die von Hund zusammengetragene, doch noch lückenvolle Stammreiche auszufüllen, und in eine nähere Ordnung zu bringen. Ich finde, daß nicht wenige Herren von Murach in den regensburgischen Gotteshäusern begraben worden sind. — Würden wir wohl ohne geschehene Untersuchung der obermünsterischen Dokumente den Vater, und Sohn unsrer Aebtißinn Elisabeth kennen? — — Wahrhaftig eine so uralte, ausgebreitete, so verdienstvolle Familie unsers Vaterlandes verdiente diese Mühe. — Herr von Einzinger, und Gauben anstatt ihre genealogischen Entwürfe zu bereichern, oder ordentlicher herzustellen, schrieben nur den unvollkommenen Hund ab, oder sie haben gar seine ohnehin dunkle Feder durch ihre flüchtigen Beyträge noch mehr verfinstert.

§. XXXV.

Endlich will ich auch die Amtleute des Stiftes, und die Räthe der Aebtißinn, die ich in den bereits angezogenen Urkunden fand, und die in allen wichtigen Handlungen einen entscheidenden Einfluß hatten, hersetzen. — Das Probstenamt versah Herr Hanns von Abensberg a), der diesem Amte auch unter der Aebtißinn Margret vorstund: nach diesem finde ich in Urkunden vom Jahre 1398 als Probsten Hannsen von Parsperg b), auf welchen, ums Jahr 1402 Friedrich der Awer folgte c). In derer Abwesenheit, zuförderst des ersten, vertrat die Probstenstelle Herr Jörg der Denklinger, Chorherr zur alten Kapelle d).

Als Probstrichter in Geiselhöring tritt in einer Urkunde vom Jahre 1388 Perthold der Gräul e), und in einer andern vom Jahre 1402 Konrad der Reindl f) auf.

Kunrad der Prüschink war anfangs Kammerer zu Otmaring g), darauf Richter des Gotteshauses h), und zugleich Kantor, oder Vorsänger bey dem Gotteshause i). — Ich zweifle nicht, daß er der nämliche sey, der diese Dienste stuffenweise versah.

Friedrich der Löbel Chorherr zur alten Kapelle läßt sich öfters als Pfleger des Gotteshauses sehen k). Er war dem Stifte sehr geneigt, und befliß sich in jeder Rücksicht einen ehrlichen Mann zu machen. Nur ist's zu bedauern, daß

daß er, und seine Konsorten sich ganz von dem elenden Geschmacke der damaligen unwissenden und unwirthschaftlichen Zeiten haben dahinreißen lassen.

Herr Ekart anfangs Frühamterer auf dem Dom, hernach Altarist der neugestifteten pannhoferischen täglichen Messe machte als Bruderschaftmeister (conmagister confraternitatis S. Wolfgangi) ämsige Dienste *l*).

Hermann der Wärder Domvikarius, und Altarist daselbst versah die Dienste eines Kammerschreibers der Frau Aebtißinn *m*). Er wurde den meisten Handlungen beygezogen: Elisabeth muß also sehr vieles Zutrauen auf ihn gesetzt haben. Nach ihm erlangte diesen Posten Hanns Kellner *n*).

Ekart Huber versah das Kastenamt *o*). Kunrad Metgeb war Pfistermeister *p*), Hanns Thamar aber Kellermeister *q*). Alle diese Amtleute des Gotteshauses genoßen das Bürgerrecht in Regensburg.

Doch aus allen diesen kömmt in den Urkunden keiner so oft vor, als Konrad Vorchtmann Knich zu St. Johann, der durch die ganze Regierungsperiod der Aebtißinn Elisabeth das Amt eines Pfarrers verrichtete. Er war allen Handlungen, nun als Zeug und Teidinger, nun als Geschäftherr und Rath zugegen *r*). Er hatte bey der Abdankung der vorigen Aebtißinn vorzüglich die Hände im Spiel, und steht in dem Revers, den das Kapitel der abstehenden Aebtißinn ausstellte, unter der Teidingerschaare oben an. Ich vermuthe also nicht ohne Ursache, daß Elspet die Murhärinn ihm ihre Erhebung zur abteplichen Würde zu verdanken hatte, und daß sie seine gute Bemühungen mit dem beständigen und unbegränzten Zutrauen auf ihn belohnte.

Endlich starb diese durch die entdeckten Urkunden ins reineste Licht gestellte Aebtißinn nach einer 20jährigen Regierung den 18 März des 1404. Sie hatte immer mit beißendem und widrigem Schicksale zu kämpfen, welches bey diesen Zeiten das allgemeine Loos aller regulären Häuser war.

a) In meiner obermünsterischen Urkundensammlung N. 109.
b) Ibidem N. 259.

c)

c) Ibidem N. N. 199, 202. Alle diese Urkunden habe ich rein durchgesucht, und in dem vorhergehenden Text, und Noten bis auf die kleinsten Umstände benützet. Ich sehe diese Herren Pröbste als Unteradvokaten, welche in den Gesetzen so sehr verbothen waren, und die eben so wenig, als der Oberadvokat, umsonst dienten, an.

d) Ibidem N. 229.

e) Ibidem N. 107. Mathes der Amann zu Sallach teidiget sich mit seiner gnädigen Frau Elspet der Aebtißinn wegen etlichen Forderungen, welche die letzte an ihn machte, stund ab von dem Amthofe zu Sallach, und bändigte denselben Herrn Perchtholden Gräul Probstrichter und seinen Erben zu Geiselhöring ein, der auch mit Hannsen dem Lauttwein Burger zu Regensburg den Teidigungsbrief gesiegelt hat im Jahre 1388 den Sontag nach sand Veiztag (21 Junii). Der Probstrichter versprach den Hof nach Anweisung des Saalbuches zu verdienen. Ob hier zwischen dem Beamten, der den Amthof an sich zog, und zwischen dem Unterthan, der davon hat abgehen müssen, keine Parteylichkeit unterlief, will ich nicht entscheiden.

f) Ibidem N. 195. Heinrich von Haberntarn übernimmt ein 30 Jahre hindurch öde gelegenes Gut. Er verspricht, innerhalb 16 Freyjahren Haus, Stadel, und Stallung aufzubauen, und das ganze Gut in den vortheilhaftesten und nutzbarsten Stand zu setzen. Doch bittet er um Unterstützung bey Abführung der Steuer. Den Brief haben Bernhart der Armansperger zu Senkofen, und Konrad der Reindel Probstrichter zu Geiselhöring gesiegelt 1402 an sand Paulstag als er bechert ist worden. —— Wie heute die Zubaugüter so waren damals die öden Güter im Schwange. Ich finde immer in den Dokumenten dieser Zeiten Verleihungen der öden Güter auf Leib, und öftere Verwechselungen der Leiber auf denselben: und doch erreichten die Grundherren selten damit ihren Zweck, welchen sie gewiß bey Besetzung der ungebauten Güter mit eigenem Rücken, oder mit aufgesuchten Grundholden nicht so oft verfehlt hätten. Unterdessen wie diese unbemaierten Güter dem Flor, und Aufnahme des Vaterlandes überhaupt, so stehen die Zubaugüter, deren es in unserm Baiern eine unzählige Menge, und in jedem Dorfe, und Hofmark mehrere giebt, insbesonders der Bevölkerung, und Kultur des Landes im Wege.

g) Ibidem N. 98. Konrad Prüschink als Kammerer von Otmaring wirkte mit bey Abdankung der Aebtißinn Margret, denn er war bey der Unterhandlung ein Teidiger. Kaum gelangte Elspet zur abteylichen Würde, so machte sie ihn zum Richter des Gotteshauses im Jahre 1384 in die S. Achatii (22 Junii) —— So machte man es sich in jedem Zeitraume zum Gesetze, seine Günstlinge zu befördern.

h) Ibidem N. N. 79, 80, 101. Aus letzterer Urkunde erhellet, daß man nicht nur allein die Amtleute des Klosters, sondern andre Biedermänner, welche ehrlich, und geradeweg dachten, bey wichtigen Handlungen zu Rathe gezogen hatte.

i) Konrad Prüschink unterschrieb sich als Kantor des Gotteshauses 1390 an sand Pauls abent, als er bechert ward. Ibidem N. 109.

k)

k) Ibidem N. 74, 75. In ersterer Urkunde wird Kunraden des Ekart in der Grůb, Bürgers in Regensburg gedacht. Es war damals schon die Grube, welches heut ein altes, weitschichtiges, und mißfälliges Gebäude ist, bekannt.

l) Ibidem N. 99. Herr Eckart der neue Beneficiat stellte einen Revers unter dem Siegel seines Dekans, (des Dombekans, unter dem er bisher als Frühbeamteter stund) aus.

m) In Urkunden vom Jahre 1395 — 96. Ibidem N. N. 118, 174. Ein Domvikaramt ist allerdings mit dem Kammerschreiberamt in Obermünster verträglich. Vermuthlich trug dem Herrn Wärder dieses mehr, als jenes ein. Es gab ihm ersteres auch mehr zu schaffen, als letzteres.

n) Ibidem N. 196. Herr Kellner war Herrn Wärders unmittelbarer Nachfolger. Ersterer läst sich vor dem Hinscheiden der Frau Aebtißinn Elspet im Jahre nämlich 1403 als Kammerschreiber zum erstenmal sehen.

o) Ibidem N. 98. Ekart Huber, Kastner, half mit zur Abwürdigung der Aebtißinn Margret Hoserinn. 1390 war er noch in seinem Amte. Nach ihm läst sich öfters ein gewisser Heinrich sehen (ibidem N. 193 etc.), dessen Zunamen aber in den Urkunden allzeit verschwiegen wird.

p) Auch dieser Metgeb war ein Mitarbeiter bey dem Austritte der Aebtißinn Margret aus ihrem Amte ibidem N. 98.

q) Hanns Thamar, oder wie einige Urkunden setzen Chamar, setzte einem Schuldbriefe, den die Aebtißinn Elisabeth Liebharden dem Rempelhofer von Tegerheim wegen vorgeliehenen 12 lb regensb. Pf. ausstellte, sein Siegel binzu. Das Stift muß in einem schlechten Kredit gestanden haben, weil der Creditor den Kastner, und andere Amtleute des Klosters als Bürgen seines vorgeschossenen Kapitals verlangte. Ibidem N. N. 191, 196. Auffallend ist es, daß nicht der Kastner, wohl aber der Kellner siegelmäßig war, da doch jener diesem in allen Urkunden vortritt, und ersterer wie heut zu Tage, also auch damals weit mehr, als letzterer zu bedeuten hatte.

r) Ibidem N. N. 98, 182, 193, 196, 259. Es läst sich nicht läugnen, daß Herr Konrad Borchtman sich für das Stift Obermünster in jedem Falle gemäß seiner Talente, und Einsicht, die nach dem Ton der damaligen Zeiten gestimmt waren, sehr interessiert habe. Doch aus welchem Beweggrunde? Aus Pflicht, oder aus Eigennutze, oder aus Privatneigung gegen seine Beichttochter die Aebtißinn? — Ich will mein Urtheil nicht übereilen. Priester Albrecht Schbinter diente vermuthlich auch in Obermünster. Er starb 1401: der Leichenstein, der über seiner Asche liegt, hat folgende Umschrift. Ao Dni MCCCC und ain Jar am driten Tag vor Martini ist gestorben der erbwirdig Herr Albrecht Schbinter, dem Gott gnad.

§. XXXVI.

§. XXXVI.
Das fünfzehende Jahrhundert.

Es wurde nach dem Tode der Aebtißinn Elspet von Murach, Margareth von Satelbogen a) zur Aebtißinn gewählt. Ich war nicht so glücklich ihre Eltern nach aller angewandter Mühe ausfindig machen zu können.

Die vorzüglichsten Thaten dieser Aebtißinn sind folgende. Kaum trat sie die abteyliche Würde an, so verglich sie sich mit Herrn Wilhalm von Pybrern, Thumprewr des dawschen Hauß zu sand Gilgen zu Regensburg (mit Wilhelm von Bibra, Kommendeur des deutschen Hauses) wegen dem bisher strittig gewesenen Lehnrecht eines Weingarten zu Tegerheim b).

Sie ließ dem Hanns Zeringer Prior zu der Kapelle unsers Heilandes zu Regensburg die Lehnschaft über einen Hof in Traubling nach mit dem Bedingniße, daß er jährlich, und ewig zu der Tafel der Aebtißinn 30, und zu der Oblai 60 gute regensb. Pfenning zinsen sollte c). Der Prior, und die Gemeinleute verstunden sich zu dieser Bedingniß kraft eines ausgestellten Reverses d).

Im Jahre 1405 entsagt sie wie ihre Vorfahrerinn dem Lehenrecht auf zween Höfe in Greising zu Gunsten der Frühemesse zu St. Peter in Geiselhöring, und verspricht wegen dem zur Wiederlegung dieser Lehenschaft dem Stift jährlich zu entrichtenden 1 ℔ Pf. den Sterbtag des Stifters der erstgedachten Frühemesse Martin Gerharts mit den gewöhnlichen Trauergottesdiensten zu begehen e).

Herr Johann Reinbach Dekan zur alten Kapelle kaufte einen halben Hof zu Greising, und widmete denselben zur Unterhaltung einer ewigen Wochenmesse in der kleinen Kapelle unter der Stiege. Obermünster war Lehenherr dieses Hofs. Die Aebtißinn Margret, und ihre Gemeinleute entsagen auf ewig der Lehenschaft. Doch wurde ein zeitlicher Altarist dieser Messe verbunden jährlich zum Stifte ein ½ ℔ Pf. zu zinsen. Die Hälfte davon fiel der Tafel

der

der Frau Aebtißinn, die andre aber dem Oblaiamte zu. Wie die Aebtißinn einen Freyungsbrief von der bisherigen Lehenschaft, so stellte auch das Kapitel einen Obligationsbrief wegen des jährlich zum Münster zu entrichtenden Zinses aus *f*).

Die Gemeinde zu Tegerheim (welcher Ort nach Obermünster grundbar ist) hatte mit Tumstauf (letzteres war damals der Stadt Regensburg versetzt) lang anhaltende Differenzien wegen dem Blumenbesuche. Beyde Theile verstunden sich auf eine gütige Beylegung derselben. Die Stadt Regensburg wählte für ihre Geschäftträger Ulrich den Trainer des Raths, und Ulrich den Weinzierl, der Zeit Kastner zu St. Clara, und Bürger. Friedrich der Auer, Probst des Gotteshauses, und Heinrich Kastner vertraten das Münster. Es wurden über den getroffenen Vergleich zwey gleichlautende Instrumente aufgerichtet, und ausgewechselt *g*).

Im Jahre 1406 überläßt sie Niklasen dem Maler und seinen 3 Söhnen erblich eine zu Pfäffelstein gelegene Hofstatt, und zwar mit dieser Bedingniß, daß er dieselbe die ersten zwey Jahre hindurch ohne Abführung eines Zinses benützen könne, nach deren Verfluß wäre er zur jährlichen Bezahlung eines Zinses von 40 Pf. zur Oblai gehalten *b*).

Sie löset die von ihrer Vorfahrerinn dem Konrad Durnsteter Bürger zu Regensburg sel. auf Leib gegebene 10 Weinberge zu Tegerheim um 170 ℔ regensb. Pf. wieder ein *i*). Dieses war eine für das Stift nützliche, und zu diesen harten Zeiten vielsagende Wiederlösung.

Kurz vor dieser Wiederlösung verkaufte sie und ihr Konvent den Stockraum in dem Frauenholz zu Tegerheim auf 8 Jahre um in 4 Terminen zu bezahlenden 42 ℔ regensburg. Pf. In der Urkunde *k*) wird Tegerheim ein Probstgericht genennt. — Nicht weniger brachte unter ihrer Regierung Frau Kunegund die Grülschian, gesessen auf dem Prebrunn den dritten Theil des Weins aus den zu Wünzer gelegenen Weingärten käuflich an ihren Leib *l*). Bey diesem Handel gewann aber unsre Aebtißinn nicht wenig, denn die Grüt-

K
schinn

schinn starb in dem darauf folgenden Jahre den 14 Oktob., dadurch fiel dieses Leibgeding dem Münster wieder heim.

Lucey die Altfrau, und übrige Gemeinleute verkaufen der Frau Aebtißinn um 3 ℔ Pf. einen jährlichen Zins von 32 Pf. aus dem Oblaiamte m), welche zur Theilung unter den Priestern, die für die Nonne Dorothea Hofdorferinn sel. den Jahrtag in der Pfarre hielten, bestimmet wurden n).

Herr Ritter Wilhelm der Waller zum Turn als Vormunder der jungen Herren von Hofer, Dietrichs, und Degenhards, Söhne des Herrn Ritters Dietrichs von Hofer ließ dem Münster das von dem Vater seiner Pupillen gekaufte Baurecht auf dem Amthofe zu Traubling an. Er behielt sich aber in einem neuen Veräußerungsfalle das Einstandrecht um einen Kaufschilling von 106 ℔ regensburg. Pf. vor o). Das Münster überließ aus Dankbarkeit beyden unmündigen Brüdern die nächst Geiselhöring gelegene Wiese Fronau genannt p).

Im Jahre 1420 überließ diese Frau Aebtißinn Hannsen Wager, und seinen Söhnen, Bürgern in Regensburg einen vor der Mallerstraße gelegenen steinernen Kasten q) als ein Leibgeding r).

Jakob Seeburg Domknich, und Probst des Stiftes zur alten Kapelle brachte dem Münster die Inkorporation der Pfarr Tegerheim von dem päpstlichen Stuhle auf eigne Kosten und Zehrung zuwege s): die Aebtißinn, und ihr untergebenes Kapitel versprachen ihm für seine guten Dienste schriftlich, und mit Beystimmung des Bischofes Johann (Streitberger) ein jährliches Leibgeding von 32 regensburg. Schaffen Getreides, von jeder Sorte 8 Schaffe t).

Während ihrer Regierung geriethen ihre Grundunterthanen zu Metenbach mit dem Pfarrer wegen des Zehends in Irrungen. Hanns Stafelsteiner Konsistorialadvokat wurde von der Aebtißinn Margret als Schiedrichter u) vorgeschlagen. Durch dieses Mittel wurden die Differenzien abgethan w).

End-

Endlich finde ich, daß unsre Margret im Jahre 1432 ein halbes Fuder Baierwein, jährliche und ewige Gült aus ihren an der Schellenstraße gelegenen Weinbergen Heinrich dem Sünzenhofer *x*) Bürger in Regensburg um 60 ℔ regensb. Pf. verkauft habe *y*). Sünzenhofer bereicherte mit dieser Gült das Katharinaspital, von welchem das Münster dieselbe durch Wiedererlegung des Kaufschillings im Jahre 1483 wieder eingelöset hat *z*).

Dieses sind die Hauptzüge, welche die Aebtißinn Margret auszeichnen, und deren Kenntniß wir den untersuchten Urkunden zu verdanken haben. — Es erklecken ihr aber die gewissen, und jährlichen Einkünfte eben so wenig, als ihrer Frau Vorfahrerinn, um die ordentlichen, und außerordentlichen Abgaben zu bestreiten. Sie war also wie diese in die traurige Nothwendigkeit versetzet, neue Geldquellen aufzusuchen. Der herrschende Geist der damaligen Zeiten hielt aber weniger auf Kapitalien, die man jährlich zu verinteressiren, und zu der bestimmten Zeit wieder heimzubezahlen pflegt, als auf solche, wegen denen man den Gläubigern lebenslänglich ein jährliches Leibgeld entrichtet, und welche sohin dem Aufnehmer nach dem Tode des Gläubigers heimfielen, oder wegen deren Empfang man jährlich eine Pfründe an Brod, und Bier, oder an andern Naturalien verlieh, oder sich verband, tägliche, wöchentliche, oder jährliche Messen zu lesen, oder lesen zu lassen.

Diese waren die gemeinsten und gangbaresten Waffen, mit welchen alle Stifter und Klöster in den 13= und 14ten Jahrhunderten wider den drückenden Schuldenlast, und wider die hereinstürzenden Unglücksfälle stritten, und sich erhielten. Ich will nun diejenigen, welche sich erstens jährliche Leibzinse, zweytens Pfründe in Obermünster eingehandelt haben, und drittens auch diejenigen anziehen, die sich allda um ihren ersparten Pfenning Jahrtage und Wochenmessen gestiftet haben. So unbedeutend diese Dinge scheinen, so merkwürdig sind sie doch in vieler Rücksicht. Dieses werden die angebrachten Noten beweisen.

x) Die Familie von Satelbogen wird von einem Schlosse, welches zwischen Cam, und Straubing lag, dermal aber schon eingegangen ist, so genannt. Das Wappen dieser Familie findet man genau abgezeichnet in den baierischen Monumenten vol. XII.

XII. Sie erlosch zu Anfang des 16 Jahrhunderts. Der letzte Sproß davon war Hanns, Sigismunds Sohn, der ohne Erben vor seinem Vater im Jahre 1523 starb. Der Vater ward darüber so gerührt, daß er den Mönchshabit zu Oberaltaich anlegte, und daselbst endlich die von ihm verhaßte Welt 1537 auf ewig verließ.

Vermuthlich war die Aebtißinn Margret mit den ihr gleichzeitigen Erhard Satelboger, und Stephan Satelboger im nächsten Blutsgrade verwandt. Jener wurde nach dem Tode Bischofes Hanns Streitberger von einem Theile des Kapitels zum Bischofe zu Regensburg gewählt. Er wurde aber durch gewisse Cabalen von der Besitznehmung gehindert, und durch den mächtigen Einfluß Pabst Martins gezwungen, sein Recht Kunraden von Soest abzutreten. Laurent. Hochw. apud Oef. rer. boic. script. Tom. I, pag. 218. — Dieser starb als Domkuich zu Regensburg, und wurde vor des St. Justins Altar begraben, dessen Leichenstein folgende Inschrift führt: Anno Dni 1424 obiit Venerabilis Pater dns Stephanus Satelboger, canon. eccle ratisp. Nonas Maji.

b) In meiner Urkundensammlung N. 206. factum ao MCCCC quarto in die sctorum Tyburtii & Valeriani Mrm (14 April). Das deutsche Haus versieht sich die Lehen durch einen aufgestellten Lehnträger in Zukunft von dem Stift Obermünster nachzusuchen. Darüber stellt der Herr von Bibra zeitlicher Kommandeur einen Revers aus, der mit dem gemeinen Siegel des deutschen Hauses versehen wurde. Dat. eodem ao sbbo ant. Tiburtii, & Valeriani Martyrum (12 April). Ibidem N. 207: Zeugen bey diesem Geschäfte waren Herr Kunrad Vorchtman, Pfarrer, Herr Niclas der Weichsär zu Traubling, Herr Fried. der Tossinger: die zween letztere waren adeliche Bürger in Regensburg.

c) Das heutige Augustiner Kloster wurde bey seiner Entstehung Capella S. Salvatoris genannt. Die Handlung geschah 1404 an den Auffart Abnt (7 May). Ibidem N. 204.

d) Ibidem N. 205 fact. 1404 in Vigilla sci Georii Mr. Herr Friedrrich der Auer zu Preunberg, Probst des Gotteshauses Obermünster, Herr Pfarrer Vorchtmann, Herr Heinrich Ramsperg zu Ramsperg verwanden sich für die PP. Augustiner, und bewirkten die Gewährung ihrer Bitte. — Die Ramsperger waren ein baierisches Geschlecht. Anastasia von Satelpogen vielleicht die Schwester unsrer Aebtißinn war woher mit Karl von Ramsperg, nach dessen Tode mit Dietrichen von Hofer geheirathet. Unsre Margret war also mit den Ramspergern versippet. Und dieß mag die Ursache seyn der geklingen Erscheinung eines Ramspergers bey den münsterischen Geschäften. Sieh Hund II. Theil 129 Seite.

e) Ibidem N. 203 fact. 1404 in Vigil. sancti Georii. Der zwischen der Mühle zu Hag, und zwischen dem Dorf Greising gelegene freye, den Menkofern bisher zugehörige, und zur Verbesserung der Frühmesse angekaufte Werd wurde mit 1 ℔ Pf. jährlicher und ewiger Abgabe beschwert, welche der zeitliche Frühmesser nach dem Münster zu entrichten, das Münster aber dieselbe zu dem Jahrtage des Stifters der Frühemesse zu verwenden hatte. In dieser Rücksicht kann man also das Stift Ober-

Obermünster als Mitstifter der Frühemesse ansehen, weil die Wiedererlegung der angelassenen Lehenschaft mit dem Last eines ewigen Jahrtages gedrückt wurde. Sieh oben §. XXXIV.

f) Ibidem N. 227 dat. 1405 in Vig. Ascens. Dni (27 May). Das Stift behielt sich das Recht vor, den in Bezahlung saumseligen Altaristen eben so, wie ihre Grundholden in Bezahlungssaumseligkeiten kurzweg pfänden zu dörfen. — Geiselhöring wird in der Urkunde eine Hofmark genannt, welche aber das Bürgerrecht genoß, wie dieses aus gleichzeitigen Urkunden erhellet, in welchen die Innwohner öfters als Zeugen, allzeit mit dem Beynaome Bürger auftreten. — Der Revers der Chorherren ist mit dem Kapitelsiegel bekräftiget.

g) Ibidem N. N. 224, 225 fact. 1405 fia tertia post festum Petri, & Pauli aplorum (30 Juny). Es werden die Gränzen beyderseitiger Viehweide auf das genaueste bestimmet. Herr Ulrich der Probst auf der Donau der Zeit Stadtkammerer, und Andre der Auer, der Zeit der Stadt Regensburg Richter zu Tumstauf siegelten das für Obermünster, und die Aebtißinn Margret und ihr Probst Friederich der Auer das für die Stadt bestimmte Instrument. Die Trainer sowohl, als die Probsten auf der Donau waren adeliche Bürger der Stadt Regensburg. Leonard der Probst, vermuthlich ein Sohn des Ulreich Probst hatte die Ehre Domkuch in Regensburg zu seyn, sein Leichenstein hatte diese Aufschrift: A. D. 1453 Jahr o. ven. vir dn. Leonardus Probst auf Tunau Sen. can. eccl. ratisp.

h) Herr Lienhart der Gymar Richter in der Vorstadt zu Regensburg siegelte den Revers des Nikla Maier 1406 proxima fr. sexta ant. festum sci Emmeram (17. Sept.) Ibidem N. 122.

i) Kunrad Durnstetter unterließ viele Schulden. Um diese abzustoßen gaben die Geschäftherren des Verstorbenen nämlich, Hr. Ulreich auf Tunar Probst, und Kammerer zu Regensburg, und sein Sohn Hanns auf Tunar Probst, Jakob, und Lukas die Ingolstäter, Hanns Dürnstetter, und Frau Margret die Gumprechtunn vormals Hausfrau des Konrad Dürnstetter das Leibgeding auf die 10 Weinberge wieder dem Münster zu kaufen. Fact. 1407 fer. sext. ant. Vidi me. (10 Juny). Ibidem N. 124.

k) 4 Brüder, die Wölfel genannt brachten den Stockraum in Tegerheim auf 8 Jahre an sich. Der Brief wurde von Herrn Heinrich dem Stauser, und Kunrad dem Probst, der Zeit Probstrichter in Tegerheim gesiegelt. 1407 in Vigil. epiphan. Dni. Ibidem N. 125.

l) Ibidem N. 129 dat. an sand Jakobs Abend des zwelfbothen. Am Rande steht: Ao Dni 1409 in die Kalixti ppe & Mt pscpta Kunegundis obiit.

m) Das Konvent hatte also seine besondere Einkünfte. Die Erträgniß der Oblaten (oblationum fidelium) machte einen Theil davon aus. Doch konnten die Nonnen eben so wenig, als die Aebtißinn dieselben einseitig administriren. Beyde die Aebtißinn, und das Konvent wirkten in der Verwaltung zusammen. Dieses probiren alle Kauf- und Verkauf-, Leib- und Erbrechtsbriefe, welche fast alle in Namen

men der Aebtißinn, und der Gemeinleute gegeben, und mit dem Abtey- und Konventsegel bekräftiget wurden.

n) Ibidem N. 136 factum 1411 fria sexta ante festum palmarum (3 April) — Eine Nonne stiftet sich einen ewigen Jahrtag. — Dient dieses nicht zur Probe, daß die Klosterfrauen zu Obermünster ein Eigenthum besessen, und also die Regel des heil. Benedikts sogar in dem Wesentlichen nicht nach dem Buchstaben beobachtet haben?

o) Ibidem N. 152 dat. 1417 fer. qnta ant Dorothe Virg. (4 Febr.) Hund giebt von dem alten Dietrich dem Hofer, und seinen Söhnen, nicht minder von ihren Vätter dem Wilhelm Waller gute Nachricht Stammb. II Theil 129 Seit. Die zwepte Gemahlinn des alten Dietrich von Hofer war Anastasia von Satelpogen. Hund zeugt auch aus andern Urkunden von der von dem Wilhelm Waller über die jungen Hofer geführten Vormundschaft. Ob unter diesem Wilhelm Waller der Pfleger von Dingsfing, oder von Landau, welche beyde, jeder mit dem nämlichen Namen einen Brief gesiegelt haben, stecke, kann ich nicht entscheiden. Hund Stammb. I Theil 365 Seite.

p) Ibidem N. 153 unter dem nämlichen datum — Die Hofer besaßen damals das Schloß Sünching. Die mittelmäßige Entfernung desselben von der Probstey Sallach gab Gelegenheit zur gegenseitigen Anbindung.

q) Ibidem N. 157 fact. 1420 am Mittwoche nach Augustini (4 Herbstm.) Den unter dem Kasten liegenden Keller hat die Frau Aebtißinn für sich behalten. Der Domdrich Oech vormals Pfarrer zu Zeholfing, hernach zu Sallach, von welchem wir in den nachfolgenden §. §. 37, 39 mehreres sprechen werden, erscheint öfters als Zeuge. Das Stift setzte auf ihn, und er auf dieses ein besonders Zutrauen.

r) Durch diesen unglücklichen Handgriff hat nicht nur allein Obermünster, sondern auch die übrigen Stifter ihre in den Gränzen der Stadt Regensburg gelegene eigne Hofstätte, Häuser, und Grundstücke veräußert. Anfangs gab man sie auf 1, 2, 3, oder noch mehrere Leiber. Bald darauf erlaubte man dem Leibe dieselbe durch Erlegung eines neuen Leibgeldes auf einen andern Leib hinüberzulegen. Die öftere Wiederholung dieser von dem herrschenden Geldmangel eingegebenen Verleugungen, und Abänderungen der Leibgedinge schuff das Leibgeding gar bald in ein Erbrecht um, welches den Besitzer endlich zu keiner andern Schuldigkeit mehr gegen seinen Grundherrn, als zur Entrichtung eines jährlichen geringen Zinses verband, welcher auch heut zu Tage der einzige Vortheil ist, der den Stiftern aus ihren von der Bürgerschaft bewohnten Grundstücken zufließt.

s) Ibidem N. 162 datum 1422.

v) Wie soll eine jährlich zu wiederholende Belohnung von 32 Sch. Getreides nicht die Gränzen der verhältnißmäßigen Billigkeit überschreiten? — Oder soll die Inkorporation das Maaß der billigen Kösten so weit überstiegen haben, daß man zur Abführung derselben ein so übergewichtiges Leibgeding hat opfern müssen? Ich zweifle ob die Inkorporationserträgniß innerhalb 4 Jahren so vieles wird abgeworfen haben, was man in einem Jahre zur Bezeigung der Erkenntlichkeit hat aufbrinbringen müssen. Um sich die Hände recht zu binden, hat man den Bischof, sein Siegel dem Versprechungsbriefe beyzusetzen. Das beste für das Stift Obermünster war, daß der Herr Probst Seeburg von der Vorsehung bestimmt war, nicht länger als 5 Jahre das versprochene Leibgeding zu geniesen. Seeburg starb 1427.

u) Statt daß man zu diesen Zeiten langwierige, und kostspielige Projese führte, wählten sich die streitenden Theile einen ihnen beliebigen Schiedrichter, dessen Spruch auf einmal dem Handel ein End machte. In dieser Rücksicht waren unsere Vorfahrer gewiß klüger als wir, die wir uns in die verdrüßlichsten Projese einlassen, deren Ende man entweder bey der dermaligen Verfassung nicht überlebt, oder deren Ausgang noch weit mehr die streitenden Gemüther verbittert, oder deren Kösten Kommunitäten, und Privatfamilien zu Grund richten.

w) Ibidem N. 172. Merkwürdig ist, daß bey diesem Schiedrichterspruche zwo adeliche Klosterfrauen nämlich Anna Hoferinn, und Frau Punzingerinn (Penzenaw) als Zeuginnen sich gebrauchen lassen. Fact. 1430 des Pfinztags vor Simons, und Juda der Zwelfpotn (26 Oct.).

x) Die Herren Sinzenhofer, Bürger in Regensburg, waren von gutem Geschlechte. Mehrere erhielten alhier Dompräbenden, unter welchen der Domdekan Georg Sinzenhofer, und der Bischof Pangratz Sinzenhofer sich auszeichnen, letzterer hat neben dem St. Andre-Altar sein Epitaphium mit folgender Umschrift:

Anno Dni 1548 9 Kal. Julias obiit Rdſſus in Xro Pater, & Dns, Dns Pancratius a Sinzenhofen, Epus Eccæ ratisp. cujus aa in pace requiescat.

Auch im Stifte Obermünster haben einige Sinzenhoferinnen das reguläre Leben gewählt. Zwey Leichensteine die von Zweigen dieses Geschlechtes zeugen, existirten einstens im Münster. Sie hatten folgende Aufschriften.

A. D. 1375 v. Idus Septembris In craftino Nativitatis Beatae Mariae Virginis obiit Osanna Sinzenhoferinn.

A. D. 1543. Ob. Venerab. Dna Elisabeth Sinzenhoferin Canonissa. Im letztern Steine sind die sinzenhoferische, und anerische Wappen angebracht, welche auf Vater, und Mutter hindeuten.

y) Ibidem N. 266. Die Wiederlösung wurde in dem Kaufbriefe ausbedungen. Fact. 1432 an sand Kathrain Abnt der heil. würdigen Jungfrawen, und Martierin.

z) Ibidem N. 270. Sieh untn §. XLIII.

§. XXXVII.

Nur ein einziges gemeines Kapital von 46 lb. regensb. Pf. gegen Abreichung eines ordentlichen Zinses wurde von der Aebtißinn Margret, und zwar

zwar aus dem Bruderschaftszechscheine zu Häderspach aufgenommen. Man versprach jährliche 3 ℔. Interesse. Es wurden zur Sicherheit des geborgten Kapitals ein eigner Hof in Häderspach, und der Zehend in Tetenhofen eingesetzet a).

Aber sie, und die Gemeinleute des Konvents überluden das Gotteshaus mit einer desto grössern Zahl unrückgängiger Kapitalien, deren Annahm jährliche überwiegende Leibzinse nach sich zog. Ich will nur einige davon anmerken.

Konrad von St. Anna, Oberstbruderschaftmeister der 8 Bruderschaften des heiligen Wolfgangs schoß 50 ℔ b), und der Bruder Guardian zu den Barfüßern in Regensburg 40 ℔ regensb. Pf. c) dem Stifte vor, welches sich mit Einstimmung des Bischofes Johann schriftlich verband, einen ewigen, und jährlichen Zins von 2 ℔ Pf. diesem so wohl als jenem zu entrichten.

Margret verkaufte dem erwirdigen, und geistlichen H. H. Seyfried, v. G. G. Bischofe zu Irrapolis, Weihbischofe des gnadigen H. H. Johannsen, Bischofs zu Regensburg d), und Herrn Hapnsen dem Ochem, oder Oech, Pfarrer zu Zeholfing e), jedem ein jährliches Leibgeld von 4 ℔ Pf. — zu jedem Quatember 1 ℔.

Frau Christein die Rastherinn, verwittwete Bürgerinn in Regensburg f), Herr Michel Kaplan zu St. Jörgen, und Knich zu St. Johann g), und Elard der Kastner, Bürger in Regensburg h), brachten ihre Ersparniß zum Stifte Obermünster, um ewige Leibzinse zu kaufen. Die erste sammt ihrem Sohne Konrad erhielt jährlich, und lebenslänglich 10 ℔, der Korherr 3 ℔, und der letztere mit seiner Frau wieder 10 ℔. Das Münster tilgte mit diesen unrückgängigen Kapitalien die von der Aebtißinn Elisabeth von ihrem Herrn Vater aufgenommene IIIIc, und IIII rheinische Gulden i).

Fast kein Jahr verfloß, an welchem nicht das Stift zu dieser Nothwehre seine Zuflucht nahm, ohne Zweifel geschah es, die laufenden Leibzinse jäh-

zahlen zu können, und also nicht von den Gläubigern, Pfründnern und Theilhabern der Leibzinse aufgerieben zu werden. Im Jahre 1411 verkauft die Aebtißinn, und ihr Konvent der verwittweten Bürgerinn Margret der Melgeberinn 3 ℔ k), 1413 der Jungfer Dyemunt der Käpplerinn Bürgerinn zu Regensburg gesessen vor den Predigern 2 ℔ l), 1414 dem erbern Herrn Heinrich dem Sailer, Kaplan zu St. Pangraz zu Regensburg, und Frauen Elspeten der Paumbirgerinn, Bürgerinn zu Regensburg 4 ℔ m), 1418 der erbern Frawn Susanna der Mahlerinn 4 ℔ n), 1420 Margreten der alten Webepeißinn, Bürgerinn in Regensburg, und Heinrichen ihrem Sohne 2 ℔ o), 1421 der erbern Frawn Osann Newnpginn von Tegerheim, Bürgerinn zu Regensburg 4 ℔ p), 1421 dem Abteyschreiber Gregori 4 ℔ q), 1422 Annen der Schilberinn Klosterfrau zu Prüll 3 ℔ r), 1423 Hannsen dem Sinzenhofer Bürger in Regensburg 12 ℔ s), 1424 Heinrichen dem Sinzenhofer, ebenfalls Bürger in Regensburg 6 ℔ t), und endlich Heinrichen dem Schuzen und seiner Hausfrau Kathrein 4 ℔ u).

Vor allen verdient der von Johann Streitberger Domknich in Regensburg angekaufte Leibzins angezogen zu werden, welcher bey Geschichtskündigern vieles Nachdenken erwecken wird. Er betrug jährlich nicht mehr, und nicht weniger als 32 ℔ gute regensburg. Pf. Welches ergiebige Opfer wird er dafür dem Stifte gemacht haben? Oder sollen ihm wichtige Dienste, die er dem Stifte erwiesen hat, oder eine besondere Neigung, die er sich im Münster erwarb, ein so enormes, und zu diesen Zeiten ungewöhnliches Leibgeding ausgewirket haben? Zum Unglücke schweigt hierüber die Urkunde w). — Johann Streitberger lebte bis 1428, den 1ten April. Ließ er dem Stifte auch nach der im Jahre 1421 erlangten bischöflichen Würde von dem jährlichen Leibzinse nichts nach; so zog er denselben 14 Jahre. Das damals geldlose, und unbemittelte Kloster hatte ganz gewiß, und sicher jährlich ein neues Kapital nöthig, um diesen übertriebenen Leibzins abführen zu können.

Alle diese, und noch sehr viele andre uns unbekannte, diejenigen Leibzinse, welche von den vorgehenden Aebtißinnen, und ihren Kapiteln verkauft worden sind,

sind, miteingerechnet, warfen jährlich eine außerordentliche sehr bedenkliche Abgabe ab, zu deren Abführung, da die ordentlichen Einkünfte nicht hinreichten, und man die wahre Kunst der ordentlichen Haushaltung in unserm Vaterlande nicht, am allerwenigsten in den Klöstern verstund, welche Mittel ersann man nicht um sein in Zügen liegendes Kredit zu erhalten? Mittel, welche manchem Kloster das Endsigill des nahen Unterganges aufgedrücket hätten, wenn nicht wohlthätige Hände durch großmüthige Schankungen für Pfründen- und für Jahr- Wochen- und Tagemessen zu Hilfe geeilet hätten. Obermünster hat ebendiesen Hilfsmitteln seine Erhaltung damals zu verdanken. Gemäß meines Planes werde ich einige, die sich Pfründen, hernach diejenigen, welche sich Messen allda gestiftet haben, anführen.

a) In meiner Urkundensammlung N. 151 dat. in Vig. scte Kathine Virg. et Mr. Die heutige bey Aufnehmung eines Kapitals gewöhnliche Sitte wurde damals schon genau beobachtet. Nur das Maaß des jährlichen Interesse kontrastiert mit dem Unsrigen. Ich finde bey allen Geldausborgungen, daß man 8, 10, oder noch mehrers pro Cent gefordert habe. Der allgemeine Geldmangel stimmte die Zinse so hoch hinauf. Die geistlichen, und frommen Stiftungen fanden deswegen an den rückgängigen gar keine, wohl aber an den unrückgängigen Kapitalien ihre Rechnung. Daher sind diese so gemein, jene aber so außerordentlich selten. — Die Zechscheinleute hatten auch damals sehr viel bey Ausleihung der Zechscheingelder, und vermuthlich weit mehr als der Beamte, und Pfarrer, die heut zu Tage ganz allein, mit Ausschluß der erstern in dergleichen Fällen den Ton geben, zu sagen. Die Urkunde zeugt ausdrücklich, daß die Aebtißinn nicht durch Gunst dieser, sondern jener das Kapital erhalten habe.

b) Ibidem N. 214. Der Bischof Hanns (Graf von Mosburg) siegelte den Brief. Der Amthof zu Traubling wurde zum Pfande für 50 ℔ Pf. eingesetzet. In welchem hohen Werthe stund nicht das Geld, und in welchem geringen die liegenden Güter, da eine Summe von 50 ℔ dem importanten Amthofe in Traubling das Gleichgewicht hielt? — Diese Art Geld zu borgen war eine andre Gattung von Kapitalien, welche nämlich bey einem mäßigen, und erträglichen Zinse ewig auf dem Hause blieben. Doch gestatteten die Kreditorn den Debitorn durch einen neuen Brief öfters aus besonderer Gnade die Wiederlösung, oder Ablösung dergleichen Kapitalien, welche Freundschaft die 8 Bruderschaften im gegenwärtigen Falle auch durch einen mit dem allgemeinen Bruderschaftsiegel gefertigten Brief der Frau Aebtißinn Margret erwiesen haben. Ibidem N. 216.

c) Ibidem N. 267 factum 1429 fer. 2da ant Jacobl (19 Julii). Die heutigen Minoriten pflog man damals Barfüser zu nennen. Aber wie tief sanken damals die berühmtesten, und sogar adelichen Stifter herab? Man war gezwungen so gar bey den

den Bettelmönchen Geld um ewige Zinſe zu borgen. — Oder darf man etwa daraus auf das Kredit der neu aufkeimenden Mönche ſchließen, welches ſie ſich theils durch die Neuheit ihrer Erſcheinung, theils durch die Thätigkeit in ihrem Berufe bey dem Volke machten?

d) Ibidem N. 215 das iſt geſchehen, da man zalt v. Xiſti Geburt 1404, an ſand Andreas Abent des heiligen Zwelfpoten. Dieſer Herr Weihbiſchof Seyfried war aus dem Orden des heil. Benedikt, wie aus einem von ihm geweihten Altari portatili erhellet. Er verſah das Weihbiſchofamt wenigſtens vom Jahre 1404 bis 1409. Er iſts, der den im Jahre 1785 altershalber abgetragenen ſteinernen Choraltar im Dom, 1404 eingeweihet hat. Vid. Oef. rer. boic. script. tom. I, pag. 38. — Uebrigens hatte Regensburg wenigſtens 6 Weihbiſchöfe, die für die Stadt Jerapolis eingeweihet worden ſind.

e) Ibidem N. 212. dat. 1404 an ſand Ulreichstag des heil. Biſchofes. Hanns Ochem, und der WeihbiſchofSeyfrid ſchloßen in allen gleichlautende Kontrakte mit Obermünſter ab. Davon werden wir im folgenden §. mehrer hören.

f) Ibidem N. 126 factum eſt anno Dni 1407 *in die Andree.* Die Mutter zog für ihren Leib 8 ℔, der Sohn aber, der den Namen ſeines Vaters Konrad führte, auf ſeinen Leib 2 ℔. — Der Kauffſchilling wird in der Urkunde verſchwiegen. Vermuthlich übertraf er nicht die Summe von 40 ℔.

g) Ibidem N. 127. factum eſt anno Dni 1407 Lucie Virginis. Am Rande iſt die Sterbzeit des Korherrn Michel alſo angemerket: Obiit XXVII die menſ. Aplis 1411. — Tpe Abbiſſe Margret de Satlbogn. Herr Michel genoß alſo die Leibzinſe nicht länger, als 3½ Jahr.

h) Ibidem N. 131. dat. 1409 an Michelstag. In der nachfolgenden Urkunde N. 132 ſub dato 1410 in Vig. Nicolai Epi wird der Genuß des ganzen Leibzinſes bey Abgange eines Leibes dem überlebenden zugeſagt. Welche Laſt bürdete ſich das Stift dadurch nicht auf! Welches Gleichmaaß zwiſchen einem Kapital von 60 ℔, und einem Leibzinſe von 10 ℔! — Doch dieß war die allgemeine Sitte der damals ärmſten und geldloſen Zeiten.

i) Sieh oben §. XXXIII. Dort redet man von 354, hier von 404 rheiniſchen Goldgulden. Vielleicht ſchoß der Herr Kunrad Muhrer zu der erſten Summe noch 50 Goldgulden nach der Hand hinzu.

k) Ibidem N. 138 datum in die sci Pangratii Mtr. Xpiſti. In dieſer, und in allen nachfolgenden Urkunden wird die Summe, für welche Leibzinſe eingehandelt worden, nicht angegeben. Aus denjenigen Dokumenten aber, welche die Summen benennen, erhellet klar, daß die Kontrahenten den 6 Theil von ihrem Kapital als ein jährliches Leibgeding ſich lebenslänglich ausgedungen haben. Innerhalb 6 Jahren alſo haben ſie den einfachen, und innerhalb 12 Jahren den zweyfachen Werth ihres Kapitals zurücke erhalten. Wie undienliche Mittel zu ſeiner Erhaltung ergriff man in dieſen unklugen Zeiten? Eben durch dieſe Hilfsquelle legten ſich viele Stif-

ter eine vollkommene Zerrüttung ihres zeitlichen Wohlstandes zu. — Die besser
bestellte Haushaltung unsers Jahrhunderts gewönne freylich durch dergleichen
unrückgängige Kapitalien, die es nicht müßig liegen lassen würde, sehr vieles.
Allein damals dienten sie nur zur Tilgung der Leibzinse, und folglich, weil sie neue
Leibzinse nach sich zogen, zur Vermehrung der jährlichen Ausgaben. — Zum Glücke
lebte die Metzgeberinn nur 6 Jahre. Am Rande der Urkunde ist zu lesen: Pfra
Metzgebynn obiit anno 1417 Galli festo (16 Oct.)

l) Ibidem N. 140. factum ao 1413 in Vig. purificat. bte Marie Virginis gloriose.

m) Ibidem N. 144 — 1414 an sand Eufemia Tag der heil. Junckf. (16 Sept.) Der
Hr. Kaplan Sailer starb in die sci Viti martiris 1426.

n) Ibidem N. 154. factum 1418 feria sexta ante festum sci Galli (14 Oct.).

o) Ibidem N. 155. factum 1420 in die sci Galli.

p) Ibidem N. 156. fact. 1421. des nächsten Freytag nach dem heil. Ostertag (28
Märzen). Endlich machte das Stift auch einmal einen Zug. Die Kontrahentinn
starb in dem nächstfolgenden Jahre fer. VI ante festum purificationis Marie (1
Febr.)

q) Ibidem N. 160. fact. ao Dni 1421 feria secunda post Andree Apoli (1 Dec.)

r) Ibidem N. 161. fact. 1422 fer. sexta ante dominicam, qua canitur: Oculi mei
(13 Märj). — Sehr lehrreich ist diese Urkunde. Prüll, welches von seinem Ursprunge an von Benediktinern bewohnet wurde, seit dem Jahre 1484 aber Karthäu-
ser nährt, schloß in seinen Mauern auch Klosterfrauen ein. Fast in den meisten
Klöstern unsers Vaterlandes waren neben den Mönchen auch Nonnen, die unter
dem Gehorsam des Abtes stunden, zu finden. Aber die Klosterfrau Schilberinn
stiftete sich einen Leibzins; ist daraus nicht zu schließen, daß die bey den Mönchs-
klöstern angesiedelte Klosterfrauen die Ordensregel nicht nach dem scharfen Buchstaben, sondern nach ihrer willführigen Auslegung beobachtet haben? Man kann
sie etwa nach dem Maasstabe der heutigen Bettschwestern des dritten Ordens messen.

s) Ibidem N. 163. fact. 1423 feria quinta ante purificat. bte Marie Virginis (29
Jän.)

t) Ibidem N. 166. factum anno 1424 an sand Philippi, und Jacobi Tag der heil.
Zwelfpotn.

u) Ibidem N. 170. factum 1426 zu sand Andres Tag.

w) Ibidem N. 143. factum 1414 an unf. Frawn Abnt zu der Schiedung (14 Aug.) —
Dieser Domherr Streitberger ist der nämliche, der 1421 zum Bischofe gewählt
worden ist, und 1428 den 1 April starb. Seine Ruhestätte hat er neben dem
St. Andre Altar, und sein Grabstein hat folgende Aufschrift: Mille quadringen-
tis viginti octo quoque annis dum tenet verbigena, est hic sepultus Ioannes Streitberger dictus, præsul hujus loci, qui gaudia teneat cæli, hic bene rexit, & omnibus affabilis fuit. In Obermünster starb 1438 eine Kanonisinn aus diesem Ge-
schlech-

ſchlechte. In ihrem Leichenſtein war das Geſchlechtswappen, welches einen Biſchofs-
ſtab enthält, und folgende Inſchrift eingehauen: A. D. 1488 ſtarb Eliſabeth
Straitbergerinn Canoniſſa. Zwey Sproſſen von dieſem Geſchlechte ſtunden dem
Stifte Niedermünſter als Aebtißinnen im 15 Jahrhunderte vor, davon ſich die
erſte Anna, die zweyte Oſanna nannte. — Uebrigens behielt ſich der hohe Kontrahent vor, das Leibgeding nach Belieben ohne Widerrede des Münſters verkaufen, verwechſeln, oder verſtiften zu können. Letzteres war vielmehr verbunden demjenigen alle Quatember den Leibzins auszubezahlen, der den Leibgedingsbrief vor-
weiſen würde.

§. XXXVIII.

Ich ſtelle an die Spitze derjenigen, die ſich Pfründen von ihrem Erſpar-
ten in Obermünſter eingehandelt haben, den kurz erſt verlaſſenen Johann Streitberger a), der ſich im Jahre 1414 eine ganze Frauenpfründe gekauft hat. Es
giengen ihm Herr Hanns Ochen Pfarrer zu Zeholfing, und Domknich b) und
Herr Seyfried Weihbiſchof c) mit ihrem Beyſpiele voraus. Beyde erwarben
ſich noch bey gutem Alter im Jahre 1404 ganze Frauenpfründen durch ihren
Sparpfenning.

Es wurde eine halbe Pfründe Kunraden Purkhart, Chorherrn zur alten
Kapelle d) Frauen Agneſen Kaſtnerinn im Münſter e) und Frauen Wandel
nachgelaſſener Wittwe des Kunrad Veldorfer, Meßners zu St. Johann f)
um ihr zum Stifte verſchafftes Geld verſprochen.

Nicht minder wurde eine ganze Pfründe Eberharden dem Kaſtner Bürger in Regensburg g) und Frau Kriſtein der Paulſtorferinn h) auf Koſten
ihres nach dem Münſter verſchafften Geldes zugeſtanden. Endlich wurde ein
jährliches Leibgeding von einem Schaff Korn Kunraden dem Pfolenkofer verkauft i).

Die Pfründen, und Leibgedinge an Naturalien waren dem Stifte bey
weitem nicht ſo ſchädlich, und nachtheilig als die Leibzinſe. Geldmangel, und
nicht Naturalienmangel herrſchte damals. Ebendeßwegen ſtunden letztere in
einem geringen Werthe, und da die Einkünfte des Stiftes meiſtentheils aus

Ge-

Getreide bestanden, so war man über jede Gelegenheit vergnügt, durch Verkauf ganzer, oder halber Frauenpfründen die Naturalien versilbern zu können.

a) In meiner obermünsterischen Urkundensammlung N. 143. fact. 1414. an unsf. Frawn Abnt zu der Schiedung. Im Falle, daß der hohe Kontrahent an den obermünsterischen Biere keinen Geschmack fände, bedung er sich statt 17 Eymer Biers 1 ℔ Pf. aus. Es kam also eine tägliche Schenk Biers nicht gar auf 1 Pf. Der Herr Streitberger behielt sich auch die Freyheit vor, statt seiner jedem andern die Pfründe zukommen zu lassen.

b) Ibidem N. 215. Hanns Ochem wurde nach der Hand Domherr in Regensburg, wie aus der Urkunde N. 264, die ich §. XXXIX. noch besonders benutzen muß, zu schließen ist. Er lebte noch im Jahre 1431. Er erreichte also ein hohes Alter, indem er schon im Jahre 1404 ein ausgearbeiteter Pfarrer, der sich von seiner Ersparniß eine ewige Pfründe, und jährlichen Leibzins stiftete, gewesen seyn muß. Aber die Vorsehung bestimmte ihn zum Domknich, und wer hat zu einer Domprabende einen richtigern Beruf, und gegründetern Zuspruch, als ein verdienstvoller Pfarrer, der in den mühesamen Verrichtungen der wichtigsten Seelsorge grau geworden ist?

c) Herr Seyfried hatte also nebst seiner weihbischöflichen Besoldung, die aber sehr unbedeutend gewesen seyn wird, bey dem Stifte Obermünster täglich eine Frauenprabend an Bier, und Brod, und an jedem Quatember 1 ℔ als einen Zusatzpfenning zu genießen. — Dieses war freylich bey den damaligen Zeiten zu einem weihbischöflichen Unterhalte hinreichend. Heut zu Tage würde ein jeder Gesellpriester, geschweige ein Herr Weihbischof damit sehr schlecht paradiren. So sehr haben sich Sitte, Zeit, und Umstände geändert.

d) Ibidem N. 122. factum ao 1406. Herr Johann Jäger, Chorbruder des Herrn Kunrad Burkhart machte bey dem Kaufkontrakte einen Zeugen.

e) Es wird der Urkunde N. 128 der Pfründenkauf Aguesen der Kastnerinn als ein Beytrag hinzugefügt sub dat. 1407 Lucie Virginis (13 Dec.) Zugleich wird ihre Sterbzeit mit folgenden Worten angegeben: Obiit in die conversionis sci Pauli ao. 1428. — Die Kastnerinn genoß also volle 20 Jahre ihre Pfründe, und das Stift zog einen schlechten Vortheil aus ihrem Vermächtnisse.

f) Ibidem N. 128. factum est anno Di 1407 Lucie Virginis. Es wurden öfters in einem Tage mehrere Pfründenbriefe zugleich ausgestellt.

g) Ibidem N. 168. factum 1426 doica post Jacobi Aposti. (28 Julii).

h) Ibidem N. 169. fact. 1426 an Mitichen in der Quottęper zu Weichnachten (18 Dec.).

i) ibidem N. 146. fact. in Vigil. Udalrici epi & gfesß. Am Rande steht: Obiit (Cunradus Pfolenkofer) 1419 in Vig. Luce Evangeliste.

§. XXXIX.

§. XXXIX.

Nun welche waren es also, die Jahrtage, und Wochenmessen in Obermünster stifteten? Der erste, der unter der Aebtißinn Margret Geld zu einem Jahrtage vorschoß, war der in den Stiftsangelegenheiten ungemein thätige Pfarrer Kunrad Vorchtmann. Die Aebtißinn, und ihr Konvent verbanden sich wegen einer unbenannten Summe Geldes, die gemäß des Ausdruckes in der Urkunde sehr ergiebig war, jährlich 1 ℔ Pf. zum Unterhalte des Jahrtages zu zinsen. Davon wurden dem zeitlichen Pfarrer 8, und jedem Gesellpriester, und Altardiener 4 Pfenninge ausgeworfen. Ein halbes ℔ wurde unter die Frauen getheilt. Im Unterlassungsfalle mußte das Stift zu der Kustoderie zu St. Johann, wo Herr Vorchtmann Knich war, 60 Pf. als eine Strafe erlegen a).

Aber wer sollte glauben, daß man für 5 ℔ Pf. einen ewigen Jahrtag verspräche. Dieser Fall ereignete sich in Obermünster im Jahre 1430. Kristin Rascherinn, Bürgerinn in Regensburg brachte 5 ℔ Pf. nach Obermünster, und verlangte um diesen Preis ihren Sterbtag jährlich und ewig mit Vigil und Seelenamte zu begehen. Margret, und ihr Konvent nahmen um eine so geringe Belohnung eine so langwierige Obligation auf sich, und erstere versprach aus den Abteyeinkünften jährlich 60 Pf. zur Bestreitung der Unkösten auf den Jahrtag verabfolgen zu lassen b). Welcher Geldmangel muß damals das gute Stift gedrückt haben! Gewiß, von dieser Stiftung floß dem Stifte nicht der mindeste Vortheil zu.

Herr Hanns Oech, Domknich zu Regensburg, vermachte eine in der Urkunde unbenannte Summe Gelds in die Abtey, von deren Zinse 4 ½ Pf. mußte nach seinem Tode sein Sterbtag sowohl in Münster, als in der Pfarrkirche feyerlich begangen werden c).

Eben dieser Herr Hanns Oech, und dessen Chorbruder Herr Erhard Satelbogen, und Herr Erhard Humel, Bürger in Regensburg, Geschäftherren des hochgelehrten Herrn Meisters Hanns von Weytra, gewesenen Domknichs,

nichs, brachten aus gleicher Absicht eine ergiebige Summe Gelds zu der Abtey Obermünster, welche zum Unterhalte des Jahrtages einen ewigen Zins von 1 ℔ Pf. auswarf d), das unter die Priester und Chorfrauen vertheilt wurde.

Folgende stifteten Wochenmessen im Stifte Obermünster unter der Aebtißinn Margret. Hanns der Haring, und Frau Katrein Wittwe des Konrad Sitau Bürgers in Regensburg wohnhaft unter den Scherern (Pannifices) brachten nach Obermünster ein Kapital von 15 ℔ regensburg. Pf., und verlangten dafür eine ewige Wochenmesse, die an jedem Montage in der Pfarrkirche nach den 4 ersten in den 3 Bettelorden täglich zu haltenden Messen gelesen werden soll. Die Frau Aebtißinn und ihre Gemeinleute versprachen nicht nur allein einen ewigen Zins von 1 ℔ Pf. zur Unterhaltung der Messe, sondern auch eine Strafe von 37 Pf. in jedem Unterlassungsfalle der Messe zu bezahlen e). — Nur allein ein von dem Papste, oder von dem hiesigen Bischofe allgemein verhängter Bann konnte sie von der übernomenen Bürde lossprechen.

Die Geschäftherren des Herrn Friedrich Lechner Bürgers in Regensburg sel. kauften sich einen ewigen, und jährlichen Zins à ½ ℔ Pf. um 10 ℔ Pf. von der Frau Aebtißinn Margret. Mit diesem halben Pfund, oder 120 Pfenn. wurde die Ablesung einer Wochenmesse an jedem Donnerstage in der Klosterkirche bestritten f).

Otto der Sauerkauf Bürger in Regensburg stiftete sich in seiner Hauskapelle zu dem heil. Geiste in der Tauberstraße eine Wochenmesse. Unsre Aebtißinn Margret übernahm das Kapital à 20 ℔, und verband sich jährlich, und ewig ein ℔ Pf. dem Altaristen auszubezahlen g). Nicht minder beschwerte sie ihr Stift um ein nämliches Kapital mit dem nämlichen Zinse für eine andre in der heil. Geistkapelle, oder auf dem Frauenaltar im Chor zu haltenden Wochenmesse, welche Ulrich der Baumgartner Bürger in Regensburg gestiftet hat b).

Jedermann greift mit Händen, daß der Annahm dergleichen geringen Geldsummen für ewige Wochenmessen dem Stifte mehr geschadet, als genützet, und daß nur der drückende Geldmangel die Aebtißinn und ihr Kapitel zu solchen in der Zeitfolge kostspieligen Entschlüssen bewogen habe.

a) In meiner Urkundensammlung N. 218. datum 1404. Ertag nach sand Michels Tag (7 Oct.) Es erhellet aus dieser Urkunde, daß auch unter dieser Aebtißinn mehrere Priester bey der Pfarr, und zur Verrichtung der Gottesdienste im Stifte, die zugleich Kordinuste machten, angestellet waren. Deren eigentliche Zahl werde ich unten Noten c) aus einer andern Urkunde bestimmen.

b) Ibidem N. 137. factum 1430 an sand Jacobs Abendt der heil. Zwelfpotn.

c) Ibidem N. 264. fact. 1431. doica p. diem Pasce (8 April). Die Frauen mußten in dem Münster, und die Herren in der Pfarre Tags vorher die Vigil sagen. Das große Geläut mußte gezogen werden. Es traf den Frauen zur Theilung 4 tb Pf. Der Pfarrer, die 2 Frühämterer, der Frühemesser ein jeder von ihnen erhielt für seinen Gesang, und Todtenmesse 5 Pf. und ein jeder von den 4 jungen Gesellpriestern 4 Pf. — Hier haben wir also die genaueste Spezifikation der in Obermünster um diese Zeit bedienenden Priester. — Sollte das Münster die Abhaltung dieses Jahrtages verabsäumen, so mußte es zum Bauamte der Domkirche 60 Pf. als eine Strafe bezahlen. — Aber in der Urkunde wird Herr Dech Domherr, und zugleich Pfarrer zu Sal (vermuthlich Sallach) genennt. Wie soll er in einem so hohen Alter nebst der Dompräbende eine Pfarrey versehen haben? Ich bin der Meynung, daß er nur die Einkünfte derselben gezogen, die Verrichtungen aber Gesellpriestern überlassen habe.

d) Ibidem N. 265. datum ut supra 1431 7 April. Die Knaben Hanns Weytra, Hanns Dech, oder Ochem, und Erhard Sateboga sind nicht in dem Katalog der Domherren, den Paricius in der neuesten Auflage seiner historischen Nachrichten 1753 liefert, anzutreffen. Von Erhard Sateboga sieh oben §. XXXV. Not. a) Der Leichenstein des ersten ist in der Domkirche neben dem St. Jnstin Altar heut zu Tag noch zu sehen. Er redet so: Anno Dni 1426 in die Felicis & Anastasii O. Dn. Joannes de Weytra, egregius in medicina Doctor, ratisp. eccle Canonicus R. I. P.

e) Ibidem N. 217. datum 1405 an unf Fron Abnt zu Liechtmess. Unter den 3 Bettelorden versteht die Urkunde die PP. Dominikaner, Augustiner und Minoriten. In jeder Kirche derselben wurden täglich 4 Frühmessen, eine nach der andern gelesen. Die auf die Unterlassung der Messe geschlagene Strafe mußte zu den Siechen bey St. Lazarus erlegt werden. Diese hatten ihre Wohnung außer der Stadt gegen Westen, wo heut zu Tag die Herren Protestanten ihre zweyte Grabstätte haben. Die erste ist gegen Aufgang gerade da, wo das Jakobiner Priorat St. Peter stund-

M. n)

f) Ibidem N. 139 dat. 1411. in Vig. fci Georii mris. Es fielen auf eine Meſſe 2 $\frac{7}{14}$ Pf.

g) Ibidem N. 171. factum 1427 in die fci Parthenii. Das für das Capital ausgebungene ℔ Pf. muſte die Frau Aebtiſinn jährlich an dem oberſten Tag (an dem Feſte der heil. 3 Könige) in Gegenwart, oder wenigſtens mit Wiſſen des Stadtbrumeiſters bezahlen.

h) Ibidem N. 268 verſiegelt an Montag vor Aegidi nach Jli Gepurt 1433 (31 Aug.) Bey Annahme dieſes Kapitals gieng Obermünſter ganz ſicher zu Werke. Es äuſſert ſich nämlich in dem Stiftungsbriefe, um das Kapital eine Gült (ohne Zweifel an Getreide) zu kaufen.

§. XL.

Dieſe nicht ohne viele Mühe durchgegangenen Urkunden zeugen ſattſam von der eben ſo kummervollen als thätigen Regierung der gegenwärtigen Aebtiſſinn. Hätte man zu ihren Zeiten andern Grundſätzen, Sitten, und Abſichten gefolgt, wie herrlich, und nützlich würde ihre Regierungsepoche für das Stift geweſen ſeyn! Nicht alſo ihrer Perſon, ſondern den Zeitumſtänden muß man minderwichtige Kleinigkeiten, mit denen ſie ſich abgab, und die immerwährenden Geldaufborgungen, mit welchen ſie ihr Stift, das Kredit, und Daſeyn deſſelben erhielt, auf die Rechnung geben. Sie ſtarb den 14 Febr. 1435: das münſteriſche Nekrologium ſtimmt ihrem Leichenſteine bey, und ſetzt ihren Sterbtag auf XVI Kal. Martii hin. Die in den Leichenſtein eingehauene Schrift iſt folgende:

Anno Dni MCCCCXXXV obiit Margaretha Abba ſuperior. monrii dicta Sattlbogerin in die S. Valentini.

Ich entdecke in den von ihr ausgefertigten Urkunden folgende Offizialen des Kloſters: Friderich Auer war Probſt *a*). Kunrad der Probſt ſaß anfangs zu Tegerheim als Probſtrichter *b*), hernach wurde er Kaſtner im Münſter *c*). Nach deſſen Tode erhielt das Kaſtenamt Hanns Schatz *d*). Chriſtian Velſör, Herr zu Häubelſpach (oberhalb Sallach) verſah das Probſtrichteramt in Geiſelhöring *e*). Ekart der Berhart war neben andern, deren Zunamen aber in den Urkunden nicht ausgedrückt worden, Geheim- oder Kam-

Kammerschreiber der Frau Aebtißinn *f*). Nach dem Tode des thätigen Verchtmann wurde ein gewisser Hanns, der wiederum ohne Zuname in meiner Urkundensammlung erscheint, und nach diesem Kunrad Pell *g*) Pfarrer. Die übrige mindere Dienerschaar übergehe ich.

a) In meiner Urkundensammlung N. N. 121, 152, 205, 219.
b) Ibidem N. 125.
c) Ibidem N. 149.
d) Ibidem N. N. 157, 159, 165.
e) Ibidem N. 142. Hanns der Hainspech zu Sallach, welcher sein Siegel gegenwärtiger Urkunde beydruckte, hatte den zum Münster lehenbaren Sitz zu Sallach inne.
f) Ibidem N. 149.
g) Ibidem N. 172.

§. XLI.

Es kamen die adelichen Klosterfrauen den 21 Hornungs 1435 zusammen, um eine neue Aebtißinn zu wählen. Die Stimmen theilten sich. Barbara Absbergerinn, welche das wahlfähige Alter nicht hatte, wurde von Ursula Dornsteinerinn, Anna Tauskircherinn, Anna Hoferinn, Margret Kürnerinn, und Kunigund Streitbergerinn postulirt. Dawider stimmten aber die Frauen Beatrix Zengerinn, Magdalena Zengerinn, Anna Püntingerinn, und Kyburg Weichserinn. Alle diese Damen nennen sich selbst Nonnen des Ordens des heil. Benedikt. — Bischof Kunrad bemühete sich die getheilten Gemüther zu vereinigen, traf einige Anstalten zur Erhaltung der klösterlichen Zucht, und dispensirte der gewählten Aebtißinn wegen Mangel des zur Antretung der abteylichen Würde vorgeschriebenen Alters. Barbara weigerte sich einsegnen zu lassen. Vielleicht war die Grundursache dieser Weigerung das thätige Bestreben, von der Ordensregel, zwischen deren Geist, und den in dem Kloster herrschenden Gewohnheiten die Gewissenszärtlichkeit der neuen Aebtißinn ewigen Widerspruch fand, losgesprochen zu werden. Allein die ihr angedrohten

Zensuren zwangen sie den bischöflichen Segen noch in diesem Jahre 1435 anzunehmen.

Die Urkunden, welche ihren Namen und Würde der Nachwelt bekannt machen, sind von Jahren 1440, 42, 45, 49, und reden vom Tegerheimer Holz, vom Burgfeld, von einem Aufschwörungsrevers der Stiftsfräulein. Aber von einer Nonne fodert man keinen Revers, sondern ein für allemal den strengsten Gehorsam, und die genaueste Erfüllung der Ordensgesetze. Gelübde schließen allen Revers aus, und jene stehen mit diesem in einem auffallenden Widerspruche: Der Entwurf eines Fräulenreverses dient zur Probe, daß man um diese Zeit die dem adelichen Frauenzimmer unbequeme Ordensregel in Obermünster zu unterdrücken suchte. Allein man konnte seine Absichten noch nicht durchsetzen. Die Benediktinerregel blieb bis zum Ende des 15ten Jahrhunderts in ihrem Besitze.

Barbara von Absberg *a*) vertauschte das Zeitliche mit dem Ewigen nach einer 21jährigen Regierung im Jahre 1456 den 16 Nov. Der noch vorhandene Grabstein dieser Aebtißinn zeigt folgende Aufschrift: Anno Dni MCCCCLVI, XV Kal. Decembr. obiit Dna Dna Barbara de Absberg Abbatissa huius mon. cuius aia requiescat in pace *b*).

a) Absberg war eine alte fränkische Familie. Ihre Sprossen nannten sich Herren von Rumburg. vide Falkenstein antiquit. Eustet. tom. II, pag. 22. Sie erhielten vom Kaiser Karl dem Vierten die Freyheit eine Feste zu Absberg zu bauen, ein Vorrecht, welches nur den verdientesten Rittern der damaligen Zeiten gestattet wurde. Herr von Einzinger Baier. Löw Seit. 14, vermuthet daß die Absberger auch in Baiern sich angesiedelt haben. Bisher konnte ich nicht entdecken, daß sie eine Burg in Baiern, wohl aber mehrere auf dem Nordgau besessen haben. Zween Abeberger liegen im fürstl. Reichsstifte St. Emmeram begraben, deren ein jeder sich von einer nordgauischen Burg den Zunamen gab. Ihre Grabsteine enthalten nebst ihren Geschlechtszeichen folgende Aufschriften:

Ao. Dni. 1513. am Samstag nach Ursula starb der Edl Gestreng Ritter Herr Mang von Habsperg zu Laber, liegt hier begraben, dessen Sel Gott genad.

Neben her ruht seine Gemahlinn, deren Leichenssteine folgende Aufschrift eingehauen ist: Hier ligt begraben die edl, ehrnvest, tugenhafft Frau Wenigna gebohrn

bohrn von Thurn, des edlen gestrengen Ritter, Herrn Mangl von Habsperg Gemahl an Tag Francisci 1520.

Ein anderer Stein führt folgende Inschrift: Anno Domini MCCCCC und im XX Jar an Sanct Gallen Tag starb der Edel gestreng Ritter, Herr Ludwig von Habsperg zu Rürnberg, des Sel Gott barmherzig sey.

Diese Familie erlosch in dem 16 Jahrhunderte. Vielleicht sind diese die letzten Zweige davon. Die mittelmäßige Entfernung von Regensburg hat ihnen Gelegenheit gemacht Präbenden in den hiesigen Stiftern zu suchen. Nicht nur Obermünster, sondern auch das Domstift, und Niedermünster nährte mehrere absbergische Sprossen, deren ausgezeichnete Tugenden Ursache waren, daß in jedem Stifte eine davon zur höchsten Würde gelangte. Heinrich von Absberg wurde im Jahre 1457 von dem regensburgischen Domkapitel zum Bischofe gewählt. Er mußte aber den Absichten des römischen Hofes, welcher den Pfalzgrafen Rupert eindrang, weichen. Nach dem frühzeitigen Tode des Prinzen kam Heinrich durch eine neue freye Wahl doch noch zur bischöflichen Würde, welche er eben so rühmlich, als nützlich für das Hochstift durch 26 volle Jahre und 8 Monate vom Jahre 1465, bis 92 bekleitete. Er erhielt seine Ruhestätte neben dem Altare des heil. Stephan, und hat heut noch einen sehenswürdigen Leichenstein mit folgender Aufschrift:

Rdls9 in Xto pater Dns Henricus de Absberg, huius ratisponensis Ecclesie Preful hic sepeliri statuit: sedit annis XXVI, mensibus VIII diebus VI, vixit annos LXXII menses IV, dies VII. O. Kal. Aug. anno salutis 1492.

Frau Ottilia von Absberg wurde 1448 in Niedermünster zur Aebtißinn gewählt. Sie starb 1472. Sieh Hundii metrop. tom. II, pag. 593. Ihr noch vorhandener Grabstein redet so:

Anno Dni MCCCCLXXII - - mensis Februarii obiit religiosa Dna, Dna Absperg abbatissa inferioris monasterii, cu͡j as requiescat in pace. Vermuthlich war sie die Schwester Heinrichs des Bischofes.

b) Man muß sich durch die fehlerhafte Lesart, welche Particius in seiner allerneuesten Nachricht von den Reichsstiftern und Klöstern ꝛc. in Regensburg Seite 241 von dem Grabsteine der Aebtißinn Barbara annimmt, nicht verführen lassen.

§. XLII.

Noch im Jahre 1456 wählten die adelichen Nonnen Kunigunden von Eglofstein a) zur Aebtißinn. Bischof Friedrich bestättigte sie in ihrer Würde, und inthronisirte sie den 7 Decemb. 1456. Der ihr zugestellte kaiserl. Lehenbrief ist noch vorhanden. Im Jahre 1468 verwandten sich die baierischen Herzoge Ludwig, und Albert bey dem päpstlichen Stuhle für die Aufrechthaltung der

der Benediktinerregel in den dreyen Stiftern Ober-Mittel-und Nieder münster. Paulus der Zwepte machte auch den 4ten Hornungs dem Bischofe Heinrich den gemessenen Auftrag, die adelichen Jungfern zur Beobachtung der besagten Regel, durch Mittel, die ihm die Umstände, und Bescheidenheit eingäben, anzuhalten.

Kunigund läßt sich in meiner Urkundensammlung vom Jahre 1461 bis 1477 sehen. Sie überläßt das Baurecht auf dem Amthofe zu Tegerheim, sammt dem Weingarten der Amam genannt, und den dazu gehörigen Feldern Liebharden dem Kamer, und seinen Erben erbrechtsweise, der sich anheischig machte, jeder Klosterfrau jährlich 4 ℔ zu zinsen, dem Probsten die gewöhnliche Gült, und dem Vogtherrn die eingelegte Vogtep jährlich, und richtig zu dienen, und dem Landesherrn die von alten Zeiten her hergebrachten Schaarwerke zu entrichten b). Im Jahre 1466 übergiebt sie der Elpeten Neumarinn Mitbürgerinn zu Regensburg ein zum Münster zinsbares, und nahe am obern Thore gelegenes Haus, und Hofstätte, welche zu der Oblai jährlich 15 Schill. der langen regensb. Pf. zinsen c).

Damit die zwey unmündigen Kinder des Kristlein sel. zum Besten der Religion, und des Vaterlandes erzogen würden, räumet Kunigund den Vormündern besagter Kinder einen zu Metenbach gelegenen Hof auf 15 Jahre unter gewissen Bedingnissen ein, deren die vornehmste war, von der Ertrügniß des Hofes die zur Erziehung, und zum Unterhalte der Kinder nöthigen Kösten zu bestreiten d). Ich weiß nicht, warum sich dieser aus einer eben so nutzbaren, als menschenfreundlichen Absicht geschlossene Kontrakt so bald wieder zerschlagen habe.

Michael Wodenmann erhält von dieser Aebtißinn im Jahre 1474 das Baurecht auf eine Hube zu Stauffendorf e), Luipert Stainmair aber das Erbrecht auf einen Hof zu Getolfing f). Letzterer übernahm die Pflicht über sich jährlich 3 ℔ Pf. zu zinsen, und bey jedem Hauptfalle das Lehen aufs neue zu lösen. Endlich erwarb der Pfarrer zu Hecking auf seinen Leib eine bey dem

nie-

niedern Thore gelegene Hofstätte, Haus und Garten, doch so, daß er jährlich einen Zins von 2 tb Pf. bezahlen sollte g).

Unter dieser Aebtißinn wurde im Jahre 1472 die obermünsterische Chorfrau Ursula Nothaftinn statt der durch listige Anschläge gewählten Anna Sackendorferinn als Aebtißinn zu Mittelmünster eingesetzt Allein sie gelangte erst im Jahre 1478 zum ruhigen Besitze ihrer Würde b).

Kunegund starb gemäß des Grabsteines 1479 den 30 Decemb. Die Umschrift um denselben lautet so: Sub anno a natiuitate Domini MCCCCLXXVIIII die Decembris penultima mortem obiit venerabilis in Chrifto Domina Kunigundis de Eglofftein huius monafterii Abbatisfa, cui requies perpetua. Da aber die Aebtißinn Sibilla von Paulstorf sicher im Jänner 1479 gewählt worden ist; so ist zu vermuthen, daß der Grabstein, welcher nach der Hand erst über die Asche der Kunegund von Egloffstein gesetzt worden, um ein Jahr zu spät ihr Sterbjahr verkündige. Oder resignirte Kunegund etwa ihr Amt, und wurde noch bey ihrer Lebenszeit Sibilla zur abteylichen Würde erhoben? Ist dieses richtig, so ist der Grabstein keines Fehlers zu beschuldigen.

a) Kunigund sproste von dem vortreflichen Geschlechte der Herren von Egloffstein ab, die ihren Ursprung in Franken hatten. Sie traten erst zu Anfang des 15 Jahrhundertes in baierische Dienste. Der Vater unsrer Aebtißinn Kunigund war vermuthlich Konrad von Egloffstein, welcher anfangs das Richteramt in München, nachher das oberste Hofmeisteramt bey der Herzoginn Margret, Gemahlinn des Herzogs Wilhelm vertrat. Avent. baier. Kreisl pag. 824. Die baierischen Egloffsteiner sind bald wieder erloschen. Der letzte Zweig davon war Gregorius Egloffstein. Er versah bey Herzog Wilhelm, dessen Liebling er in seiner Jugend war, das Hofmeisteramt, wie Hund im baier. Stammb. I. Theil 187 Seite zeugt. Die baierischen Egloffsteiner führten in ihrem Wappenschilde einen links gestellten, und eine rothe Zunge ausstreckenden Bärenkopf im silbernen Felde. Herr von Einzinger sieht den nach seiner eigenen Abbildung Tab. V. deutlich entworfenen Bärenkopf für einen Löwenkopf irrig an. Baier. Löw pag. 205. — In dem Grabsteine unsrer Aebtißinn ist der Bärenkopf deutlich zu sehen. Die Egloffsteiner machten in den regensburgischen Stiftern ihre Figur. Niedermünster hatte zu Anfange des 15 Jahrhundertes Katharin von Egloffstein zur Aebtißinn, welche 1413 starb, und in der Kapelle des heil. Achaz begraben wurde.

b) In meiner Urkundensammlung N. 230. dat. an sand Bartl Tag anno 1461. Der neue Erbrechter war auch gehalten die Frauen sammt ihren Dienern bey der Weinlese

lese nach Standsgebühr zu bewirthen, und den zum Münster gehörigen Wein unentgeltlich in die Stadt zu liefern. Das Stift versprach die Pferde zu füttern, die Zollabgaben auf sich zu nehmen, den Knechten jährlich 2 Eymer Wein und 24 Pf. zum besten zu geben. Eben so genau und vorsichtig, als aufrichtig gieng man bey diesen Zeiten zu Werke.

c) Ibidem N. 231. Gebn an sand Panz (vielleicht Pontian) Tag nach X Gepurd MCCCCLXVI Jaren.

d) Ibidem N. 232. Geschehn an Suntag vor sand Michaels Tag anno Dni MCCCCLXXI. Die Vormunder mußten nebst den auf die Erziehung und Unterhalt der beyden vaterlosen Kinder zu verwendenden Kösten auch alle auf dem Hofe haftende Abgaben abführen. Den Brief siegelte Herr Haugn von Parsperg Ritter (von ihm sich Hund Stammb. I. Theil 206 Seite,) und der Pfleger von Parsperg Herr Stephan Kainl. Zu Ende der Urkunde steht: vide, q. iste quactus poltea irritatus sit, & litram redditam quere diligenter.

e) Ibidem N. 233. 10 Dni 1474 in die seti Viti.

f) Ibidem N. 234. Gebn nach Cristi Gepurd 1467 Jare am Freytag nach Pfingstentag (22 May).

g) Ibidem N. 235. dat. an sant Cecilia der heil. Jungfrawen Tag anno MCCCCLXXVII.

h) Bischof Heinrich erklärte die Wahl der Anna Seckendorferinn zur abteylichen Würde den 6 Julii 1472 für nichtig. Die gewählte Seckendorferina mit ihrem Konvent klagte wider den bischöflichen Spruch, wider die ihnen aufgedrungene Aebtißinn Mothastinn, und überhaupt wider die Beobachtung der Benediktinerregel bey dem römischen Stubl den 25 Junii 1472. Dieser stellte den Abt von St. Emmeram Johann Tegerubeck zum Richter den 19 Nov. auf, welcher den bischöflichen Schritt gut hieß, und für die Mothasinn den Seutenz sprach. Diese verlangte den 17 Jän 1473 zu dem Besiß ihres durch richterlichen Spruch erhaltenen Rechtes zu gelangen. Die Klosterfrauen zu Mittelmünster nahmen ihre Zuflucht den 26. Märj 1473 zu einer neuen Appellation, verwarfen aber den neuen päpstlichen Unterrichter Johann Tröster, Domherrn von Regensburg, als welchen sie vieler Parteylichkeit beschuldigten. Der päpstliche Legat Alexander bestellte den Abt Erasmus von Mallersdorf, und den Domdekan von Passau den 2 Nov 1477 zu Richtern in der Sache. Anna Seckendorferina verlohr auch bey diesem Richterstuble den 15 Dec 1477 ihren Handel, und wurde ihr aufgetragen theils wegen ihres eigenmächtig gewagten Ausgangs aus dem Kloster, theils wegen des großen Unheils, Schaden, und Verwüstungen, so sie durch die Waffen ihres Bruders Audre Seckendorfer unter den bischöflichen Unterthanen angestiftet, hinlängliche, und anpassende Genugthuung zu leisten. Kaiser Friderich verbannte den Bruder der abgewürdigten Aebtißinn Seckendorfer den 20. Aug. 1478 aus dem ganzen römischen Reiche, und Abt Erasmus bließte auf ihn, und auf seine Helfer und Helfershelfer die vatikanischen Bannstralen den 6 April 1778 los, theils weil er seine Schwester mit Gewalt in die abteyliche Würde einzusetzen, theils weil er die bischöflichen Unterthanen mit Kriege,

und

und Ungemach zu überfallen sich erfrechet hat. Und so wurde endlich der Friede in Mittelmünster wieder hergestellet. — Welchen Abänderungen wurde aber dieses Münster nach der Hand unterworfen? Noch ist es nicht in seiner Ordnung, und Ruhepunkte.

§. XLIII.

Nach dem Tode der Kunegund kam die Nonne Sibilla von Paulstorf zu Anfang des Jahrs 1479 durch regelmäßige Wahl zur abteylichen Würde, und wurde in derselben den 10 Hornungs 1479 von dem päpstlichen Stuhle bestättiget. Das Lehenbuch vom 15ten Jahrhunderte erinnert sich öfters ihrer Person, und ihrer Würde. In meiner Urkundensammlung wird ihrer nur selten gedacht. Beym Eintritte in die Regierung überläßt sie das bey dem niedern Stiftsthore gelegene Haus und Hofstätte dem Pfarrer in Geiselhöring Thomas Maier auf seinen Leib a). Nicht minder giebt sie ihren Konsens zu dem Verkaufe des Baurechts auf eine Hub zu Stauffersdorf. Dem neuen Erwerber wurde aufgetragen, nebst der gewöhnlichen Gült, und Zinse, die dem Stifte zugehörten, dem Herzoge die Vogteydienste gemäß dem Saalbuche zu entrichten b). Im Jahre 1490 stellt sie Thomä Rüstel, der das nämliche Baurecht käuflich an sich brachte, einen neuen Brief unter den nämlichen Bedingnissen zu c). — Unter ihrer Vorfahrerinn Barbara von Absperg sprach Dietrich von Stauf sel., Jakoben Maier Bürger zu Geiselhöring das Erbrecht auf den allda gelegenen, und zum Münster gehörigen Maierhof zu. Sibilla entschloß sich den bisher nicht erfüllten Spruch zu vollziehen, und übergab besagtem Maier einen Erbrechtsbrief gleich im ersten Jahre ihrer Regierung d). Dieser Entschluß macht der Frau Aebtißinn Ehre, und zeugt von ihrer billigen Denkungsart.

1480 verkauft sie Leonarden Dorner Bürger in Regensburg einen steinernen mit 4 Mauern umgebenen Getreidkasten, und Keller in der Mallerstraße, und behielt sich nichts, als einen jährlichen geringen Zins von 32 Pfenningen vor e). 1483 ertheilte sie Ulrichen Härtl Bürger zu Schrobenhausen die Erlaubniß, den zum Münster gehörigen Hof zu Elprechtshofen. Sixten

Stegmaier verkaufen zu dörfen *f*). In dem nämlichen Jahre löste sie das halbe Fuder Weins, welches die Frau Aebtißinn Margret Heinrichen Sinzenhofer Bürger zu Regensburg als eine jährliche Gült aus dem Weingarten, Notscherfft genannt, verkauft, und dieser dem Katharinaspital vermacht hat, von dem damaligen Spitalmeister Pongrazem, Pfarrer zu Grafentraubach wieder ein *g*).

In dem Bezirke des Münsters bauete Sibilla einen nach Mitternacht gestellten, folglich trefflich situirten Getreidkasten, welcher auf seiner Stirne heut zu Tage noch folgende dem geschmacklosen Jahrhunderte anpassende Aufschrift trägt: Sibilla von Paulstorf Abtisin MCCCCLXXXIIII ward gepauet der Kasten.

Abt Johann Tegernbeck von St. Emmeram lud die Aebtißinnen von Nieder- Ober- und Mittelmünster zu einem in Salzburg zu haltenden Generalkapitel ein. Sibilla, und die zwo andern hiesigen Aebtißinnen entschuldigten sich wegen der Nichterscheinung bey demselben, versprachen aber die von den versammelten Vätern festgesetzten Statuten, wenn dieselben nicht ihren verjährten Gewohnheiten widersprächen, anzunehmen, und in Ausübung zu bringen *b*). Man war also im Jahre 1482, in welchem das Kapitel gehalten wurde, noch nicht vollkommen entschlossen, die Benediktinerregel wegzulegen, sonst würde man die Annehmung der neuen Gesetze für die Verbesserung der Klosterzucht nicht versprochen haben. — Vielleicht gab eben das damals äußerste Bestreben dieser Klöster, die Ordensregel aus ihren Mauern zu verbannen, die nächste Gelegenheit ein Ordens-Provincialkapitel in Salzburg zusammen zu berufen, und man sah dieses als noch das einzige übrige Mittel an, diese adelichen Stifter zur Zierde des Ordens bey der Regel zu erhalten.

Allein die einmal eingewurzelte Abneigung gegen jede Ordensregel, und das hitzigste Verlangen nach einer ungezwungenen Lebensart, vielleicht auch beißende Gewissensunruhen wegen kalter und schattenmäßiger Beobachtung einer Ordensregel, deren ganze Strenge man sich doch durch ein feyerli-
ches

des Gelübd über den Hals lud, schlugen alle Mittel, und Wege aus, das Münster in seiner ursprünglichen Verfassung zu erhalten. — Die Liebe, und Vertraulichkeit, mit der die adelichen Nonnen den päpstlichen Legaten und Domprobsten Franz Piccolomini verehrten, und zuförderst die zärtliche Freundschaft, welche er der damals noch gemeinen Klosterfrau Sibilla Paulstorferinn, und diese ihm schenkte, und vielleicht auch das gewissenhafte Mitleiden, welches Piccolomini gegen diese durch den ewigen Zwang niedergeschlagene, und in ihrem unangenehmen Berufe trostlose Nonne fühlte, alle diese Regungen wirkten in dem gefühlvollen Herzen des besten Freundes so zusammen, daß er sich bey seiner Rückkehre nach Rom mit allen Kräften für Umbildung des bisherigen Nonnenklosters in ein weltliches Damenstift bey dem römischen Stuhle verwandte, und es auch durch seine dringende, und überzeugende Vorstellungen, und nachdrückliches Bitten für das Stift Obermünster 1484 auswirkte i). Dieß ist also die Epoche, auf welche Lorenz Hochwart hindeutet, da er von der vor 50 Jahren in den Münstern abgeschafften Benediktinerregel Zeugniß giebt.

Sibilla Paulstorferinn und ihre Mitdamen müssen sich die Gnade dieses angesehenen Kirchenprälaten k) ganz eigen gemacht haben, denn Kardinal Piccolomini pflog nach seinem Abzuge von Regensburg nicht nur einen freundschaftlichen Briefwechsel mit unsrer Aebtißinn l), sondern er that ihr alles zu Gefallen, was nur immer in seinen Kräften stund. Auf ihr Fürwort brachte er bey dem päpstlichen Hofe einem gewissen Paulstorfer m), und vermuthlich auch dem Lizentiaten Grab n), Dompräbenden, und Margret Paulstorferinn Klosterfrau in Niedermünster die Coadjutoriestelle o) zuwege. — Uebrigens rühmet er in seinen Briefen mit den rührendsten Ausdrücken das freundschaftliche Betragen der obermünsterischen Schwestern an, und danket für die ihm erwiesenen Wohlthaten.

Endlich darf ich hier zwoer merkwürdigen Handlungen, welche Sibilla für das zeitliche Wohl ihres Stiftes unternommen hat, nicht vergessen. Sie machte im Jahre 1484 den 8 Hornungs, um die Freyheit der geistlichen Stände wider die Eingriffe der Bürgermeister, und des Rathes zu Regensburg zu beschützen, und förderst die freye Ausschenke des Biers und Weins wider alle gegenseitige Anfechtungen zu bewahren, und aufrecht zu erhalten, mit dem regensburgischen Domkapitel, mit den Aebtißinnen Agnesen zu Niedermünster, und Annen zu Mittelmünster, mit den Aebten Hannsen zu St. Emmeram, und Daviden zu St. Jakob, und mit der übrigen Geistlichkeit gemeine Sache, und setzte sich selbst die schweresten Pönfälle bey unstandhafter Abweichung von ihrem einmal gewählten Systeme *p*). Welters errichtete sie mit dem Hause Baiern 1493 einen Vertrag wegen der in Baiern gelegenen, ihrem Gottes-hause zugehörigen Güter *q*).

Sibilla Paulstorferinn *r*) gieng nach einer löblich geführten 26jährigen Regierung in die andre Welt 1505 den 29 Aug. hinüber. Die Umschrift um ihre aus einem Marmorsteine herausgehauene Bildniß drückt sich so aus: Anno Dni MCCCCCV die IIII Kal. Septembris obiit venerabilis, venlis in Christo, et nobilis Domina Sibilla de Paulstorf huius monasterii Abbatissa dignissima, cuius anima in pace quiescat.

Unter ihr besorgte die pfarrlichen Geschäfte Herr Georg Paulstorfer, und das Probstgerichtamt zu Tegerheim versah Herr Erhart Weichser *s*), welcher wegen seinen Verrichtungen gut bejahlt wurde. Er war zugleich Pfleger zu Alten-Eglofsheim.

a) In meiner Urkundensammlung N. 236. — Zuvor besaß diese Hofstätte, Haus, und Garten Michael Sprerer Pfarrer zu Pecking, der aber diese Grundstücke nicht länger, als ein Jahr benützet hat. Vermuthlich entriß ihm dieselben ein frühzeitiger Tod. Ueberhaupt kann ich aus meiner Urkundensammlung anmerken, daß ausgearbeitete Herren Pfarrer zu diesem Zeitraume gewohnt waren, sich eines von den hiesigen Stiftern und Klöstern zugehörigen Häusern als ein Leibgeding zu erwerben, wegen dessen Besitze sie jährlich einen pactirten Zins bejahlten, um hier in Regensburg, als der damals berühmtesten, und volkreichesten Stadt unsers Vaterlandes, unter den Augen ihres Bischofes ihre noch übrigen Lebenstage hinzubringen, und um den auf der Pfarre ersparten Pfenning unter vielen Andachtsübungen, zu welchen ihnen die sehr zahlreichen hier existirenden Stifter, Klöster, Kirchen, und Kapellen überflüßige Gelegenheit machten, verzehren zu können: wenn sie sich nicht gar als Pfründner bey einem Kloster eingekaufet haben.

b) Ibidem N. 240. datum an Ertag vor Tyburtii, und Valeriani der heil. Martrer ao. 1479. (13. April.)

c)

c) Ibidem N. 241 — 1492. an Montag nach Martini (15. Nov.)

d) Ibidem N. 239. Der Brief ist gebn am Freitag nach des heil. Kreuztag als es funden ward (7 May. u. Ch. G. 1479.

e) Ibidem N. 242. Gegenwärtiger Brief ist der von dem Erwerber Leonard Dorner unter dem Siegel des damaligen Stadtschultheiß, Konrad Portners ausgestellten Revers. — Eine unglückliche unvorsichtige, und für das Münster höchst schädliche Veränserung war diese, welche nicht nur den Verlurst eines in der Stadt gelegenen herrlichen Eigenthums, sondern auch der Gerichtsbarkeit über dasselbe und Leibkaufsgebühre nach sich zog.

f) Ibidem N. 263. Ulrich Härtl stellt einen Revers unter dem Siegel des hochgelehrten, vesten, und weisen Sirten Rapperzeller in weltlichen Rechten Doktors am Mittwochs nach Suntag Invocavit, als man zelt von Cristi Geburdt 1483, (19. Horn.) aus.

g) Ibidem N. 270. 1483. an Erasm Tag des heil. Marterers. Diese Wiederlösung war für das Stift sehr vortheilhaft. Dadurch wurde es von einer jährlichen auch bey einem Miswachs zu entrichtenden Abgabe befreyet.

h) Der Brief, den die regensburgischen Aebtißinnen den im Kapitel zu Salzburg versammelten Vätern zuschrieben, lautet so: Reverendis in Christo patribus . c Dominis rectoribus ordinis sancti Benedicti in provincia saltzburgensi de Geisenfeld, inferioris, superioris monasteriorum, & ecclesiæ s. Pauli Abbatissæ ratisbonensis civitatis ac diœcesis devotas cum debita obedientia in Christo Jesu (*preces*). Noverit universitatis vestræ Paternitas, quod Venerabilis Abbas sanctiEmmerami ad capitulum nostrum Salzburge celebrandum nos evocavit, ut eidem simplicitas nostra, in eis, quæ faciunt ad reformationem nostri Ordinis Informetur Verum cum malitia temporum, & præcipue anni præsentis nos impediat, ut ad tam remotas partes venire possimus, supplicamus Universitatis vestræ sanctitati, in domino postulantes, quatenus ad præsens absentiam nostram cum patientia supportetis, ita tamen, quod voluntates nostras & obedientias vobis offerimus ad observationem eorum secundum gratiam, & secundum eas quas consuetudines nostras honestas & approbatas, quæ regula sancti Benedicti præcipit observari 1482.

i) Ob alle Nonnen auf einmal die in einem langen Besitzstande stehende Ordensregel abgelegt, oder ob nicht wenigstens eine oder die andre Altfrau derselben bis auf den letzten Lebenshauch getreu verblieben sey, kann ich in Mangel der gehörigen Beweisthümer mit einem entscheidenden Tone nicht sagen. Doch das letztere scheint mir wahrscheinlich zu seyn. Denn kaum ist zu vermuthen, daß die an einem ordentlichen Lebenswandel von langer Zeit her gewohnten Altfrauen in Rücksicht auf Freyheit, und ungezwungene Lebensart die nämlichen Gesinnungen mit den noch lebhaften, und jungen Nonnen, die nach dem Ahnengeschmake auferzogen worden sind, gehegt haben. Diese werden freylich die päbstliche Dispens als das erwünschteste Geschenk des Himmels mit offenen Händen aufgefangen, jene aber werden sich wenigstens gleichgültig, wofern nicht aufgebracht gegen dieselbe gezeigt haben. Ich fand im Stifte Niedermünster Grabsteine von 1515, 1521, und 1540, in welchen
die

die abgestorbenen Damen nicht Kanonißinnen, sondern geradweg monialis, Nonne, oder obedientiæ dedita, gehorsame des Klosters genennet werden. Nonne, und eine Gehorsame des Klosters bedeuteten in diesem Zeitraume das Nämliche. Die Grabschriften lauten so: Anno Dni 1515 ultima Aprilis obiit religiosa, & nobilis Dna Agnes Puechbecktin monialis hujus monasterii, cuj9 aia Deo Vivat. — Anno Dni 1521 quinto ydus Maii obiit devota Dna Anna Marschalkin de Pappenhaim obediende h9 monasterii dedita, c9 aia Vivat Deo. — Anno Dni 1540 die 6ta Maii obiit religiola, & nobilis Domina Kunegundis Nothafftin, monialis inferioris monasterii, cuj9 anima vivat Deo, A. Dieß probirt wenigstens, daß die Benediktinerregel in Niedermünster später außer ihrer Verbindlichkeit gesetzt worden ist.

Uebrigens mag man sich Nonne, oder Kanonißinn, Mönch oder Knich taufen laßen, so bleibt doch immer wahr, daß diese, wie jene von dem milden Allmosen der frommen Stifter leben, und aus diesem Gesichtspunkte der haben alle, sie mögen was immer für Titel, und Nämen führen, die schwerejle Pflicht auf sich, jene Lebensart nie außer Augen zu laßen, welche die Stifter bey Stiftung der Münster, und Klöster, und die Wohl, und Gutthäter derselben bey Vermehrung der Stiftung zur unabänderlichen Richtschnur genommen haben. Die durchgelesenen und durchgedachten Donations, und Stiftungsbriefe setzten diesen Satz außer allen Zweifel.

k) Franz Piccolomini Cardinalis fcti Eustachii fenenfis, zu welcher Würde er nach Pagii Rechnung 1460 im 22ten Jahre seines Alters gelangte, kam vermuthlich erst 1471 nach Regensburg. Der allhier gehaltene Reichstag, bey welchem er den päbstlichen Stuhl vertrat, rief ihn hieher, und eben diese Gelegenheit wird ihm auch die regensburgische Dompropstey verschafft haben. Michael Riederer, oder wenigstens Pfalzgraf Johann, die hierherum Parijius als Dompröbste ohne binlängliche Beweggründe einschiebt, müßen gegenwärtigem bisher unbekannten Dompropste Platz machen. Die Bekanntschaft, die er in Regensburg mit Männern von Verstande, und gewißenhaften Nonnen machte, setzte er abwesend durch zärtliche und rührende Briefe fort. Aus demjenigen, den er den 25 Märzes 1477 aus Rom an den hiefigen Domherrn, und Kustos Trofter schrieb, erhellet, daß er bey der Annahme der regensburgischen Dompropstey weniger auf seinen eignen, als auf den Vortheil, und Nutzen seiner Freunde hingesehen, und daß er deswegen mit Vergnügen dieselbe Franzen Schlick (er war seit dem Jahre 1457 Domkuich allhier) resignirt habe. Der Brief verdient wegen seines merkwürdigen, und über die regensburgische Partikulargeschichte Licht verbreitenden Inhaltes ganz hieher gesetzt zu werden. Er lautet so:

Cariffime Trofter falve. Que fuerit fententia noftra de Prepofitura Ratisponenfi, jam pridem nofti; eam fiquidem non nobis, fed amicis noftris impetravimus. Vifum nobis eft, adveniffe tempus, ut cogitata, & promiffa noftra impleamus. Refignavimus Prepofituram ipfam Dno Francifco Schlick, ut ftatueramus, & literas fuper ea re expediri juffimus. Honoravimus Dnum Francifcum libenti animo tum propter virtutes fuas, tum ut avirorum beneficiorum memores videremur. Ceterum Prepofituram ipfam ulterius retinere honori parum, multum vero oneris, emolumenti nihil nobis effe videbatur. Habemus ut nofti Prepofituram herbipolenfem, recuperavimus nuper Xantenfem. Hec numerum, & invidiam augebat,

com-

commodi autem nihil apportabat. Expectamus iterum aliam meliorem brevi obtinere. Itaque noluimus videri omnia amplecti velle, qui mediocritate contenti sumus Consuluimus hoc pacto, ut arbitramur, honori nostro, Ecclesie, & Dni Francisci commoditati. Hec volumus tibi nota esse. Vale. Rome die 25 Martii MCCCCLXXVII.

Kardinal Piccolomini wurde wegen seiner ausnehmenden Tugenden den 22 Septemb. 1503 zur päpstlichen Würde erhoben, die ihm aber nach 35 Tagen der Tod entriß. Der Korrespondent des Kardinals starb den 24 April 1497. Sein Leichenstein hatte einstens folgende Aufschrift. A. D. 1497 die 24 Apr. O Ven. Decretorum D. Joannes Troster de Amberg Can. Eccl. ratisp. & Prep. Maticensis.

I) Die zween Briefe, die Kardinal Piccolomini an die Äbtißinn Sibilla erließ, lauten so: I Franciscus Card. Senen. Religiose Dne Sybille Abbatisse salutem. Jocundissime fuerunt nobis littere caritatis vestre nobis superioribus diebus misse per Ven. Dnum Joannem Grad. Tenebamur enim magno desiderio intelligendi aliquid de bona valetudine & statu vestro, de quo ob penuriam, & raritatem venientium jam dudum intellexeramus nihil. Nunc plenius informati habemus gratias Deo, a quo omnia bona procedunt, qui vestram nobilitatem incolumem conservavit, ut sororibus, & monasterio suo diu bene, & cum timore domini preesse possitis. Unde memores caritatis nobis ostense, cum istic legatum gereremus, & multarum humanitatum, & liberalitatis erga nos vestre, rogamus, ut si aliquando quomodocumque per nos fieri poterit vobis gratum, secure nos requiratis. Dolemus de munere misso, ut pluribus verbis diximus Dno Grad, habemus tamen, quas possumus gratias, relaturi aliquando casu se offerente. Domino Paulsdorfer vestro de prebenda illa libentissime complacuimus, faciemusque majora vita comite. Grad quoque quod optabat, consequutus est, tanti apud nos littere vestre sunt, & commendationes. Bene valete, & sorores vestras omnes nostro nomine valere dicite. Ex urbe die 23 Xbr. 1485.

P. S. Bier haben tais fergessen, darum haben in latein lassen biderum scraibben. Habt mit uns Geduld, un gruest alle Sbester san unser begen, berait alzalt, was wir fermegen.

II. Religiosa Dna in Xto soror amantissima salutem. Gratissime nobis semper sunt littere vestre, & officio, & caritatis plene, & ex his novissimis novimus desiderium vestrum in satisfaciendo voluntati Dni Nusberger. Scitote, res istas esse in potestate Pontificia, cui reservata fuisse credimus beneficia omnia bone memorie quondam Francisci Schlik, preter Preposituram, que ratione regressus nostra erit, ut credimus, & quamvis littere tardiuscule ad nos delate fuerint, manus tamen ad negotium apposuimus, quare in presentiarum nihil amicitie vestre certi dicere, vel polliceri possumus, cum multi prefata beneficia a Pontifice instandissime petierint, petantque. Alias clarius loqui poterimus. In negotio amicissime sororis vestre inferioris monasterii nihil negligimus, quemadmodum per alias nostras diffusius intelligetis. Valete & Deum pro nobis orate. Rome XVII Xbris 1497.

Beyde Briefe haben fast die nämliche Ueberschrift: Venerande Dne Dne Sibille superioris monasterii Ratisponensis Abbatisse, sorori nobis in Xto dilectae

Sci Euftachii Cardinalis Senen.

m) Der Paulstorfer, von dem hier die Rede ist, ist außer allem Zweifel Georg der Paulstorfer, welcher von der jörgischen Linie in dem nämlichen Grabe, wie die Aebtißinn Sibilla von der albrechtischen abstammt, deren Großväter also Brüder gewesen sind. Georg Paulstorfer gelangte um das Jahr 1485 zu einer Dompräbend, wurde nach der Hand Schulherr, und versah das Pfarramt zu Oberminster. Er starb 1500, und wurde bey den Barfüßern begraben, dessen Grabstein folgende Sprache führt: Ao Di 1500. 18 April in Vigil. Paschae O. nobilis ac generosus Dominus Georgius de Paulstorf, majoris Ecclie ratisp. Canonicus, & Scholasticus, ac superioris monasterii plebanus.

n) Dieser Grab, der in Oberminster sehr beliebt war, und der demselben seine Beförderung zu verdanken hatte, starb 1506. Sein Monument enthält folgende Aufschrift: A. D. 1506. O. die 28 Jul. egregius licenciatus Dns Johan. Gkrad, Can. ratisp.

o) Margret Paulstorferinn war die Schwester der Aebtißinn Sibilla. Sie wurde der niederminsterischen Aebtißinn Agnes Rothafftinn, welche vom Jahre 1472 bis 1520, also fast durch ein halbes Jahrhundert hindurch die abteyliche Würde genoß, als Koadjutrix an die Seite gesetzt. Allein sie hatte das Glück nicht die Rothafftinn zu überleben, solglich zu der Regierung zu gelangen. Ihr Grabstein existirt noch in der Kapelle neben dem Chor, und hat nachstehende Aufschrift: Anno Dni MCCCCCXVII. die 23 Aprilis obiit Venlis & religiosa Dna Margaretha de Paulstorf coadjutrix hujus monasterii, cujus aia requiescat.

p) Die merkwürdige Urkunde dieser gemeinschaftlichen Vereinigung fand ich in einem emmeramischen Codex vom 14, und 15 Jahrhunderte, der aus 360 Blättern folii maximi besteht, und noch sehr viele ungedruckten Urkunden enthält: die ich bey der Ausgabe unsrer Klostergeschichte benutzen, und die merkwürdigsten davon ediren werde, wenn mir Gott das Leben, und meine Obern die Zeit und Muße zur Ausführung dieser Arbeit gönnen sollten. Das angezogene compromissum wider den regensburgischen Magistrat hat diese Aufschrift: Compromissum, sine confoederatio totius cleri, utriusque sexus, & de om. statu in civitc ratispon. ad tuend & defendendi libertaté, & immunitatem ecclesiasticam contra cives, consules, & pconsules ibm.

q) Sieh des Freyherrn von Kreitmaier baierisches Staatsrecht. Seit. 304.

r) Die Paulstorfer eine berühmte baierische Familie haben ihren Namen, und Ursprung von dem im ambergischen Landgerichte gelegenen adelichen Sitz Paulstorf her. Sie schrieben sich im 14 Jahrhunderte Herren von Danneberg, und in 15 und 16 Herren von Kürn. Hanns Paulstorfer zu Danneberg erward durch Kauf die Feste Kürn im Jahre 1387. Er hinterließ 3 Söhne Georg, Albrecht, und Wilhelm, welche eben so viele paulstorferische Linien stifteten, die sich von ihren Nämen

men wilhelmische, albertinische, und georgische nannten. Unsre Aebtißinn Sibilla stammet von der albertinischen Linie her. Sie war eine Tochter Heinrich Paulstorfers, und Kunigund Zengerinn, und hatte nebst einem Bruder, Erasm genannt, der diese Branche durch zween Söhne fortpflanzte, noch 4 Schwestern, deren die ältere Klara, Aebtißinn zu St. Paul war. Die zweyte dem Alter nach war Sibilla. Die dritte Margaret starb als Koadjutrix in Niedermünster. Die vierte nannte sich Barbara, und hat ihre Ruhestätte in dem Domkreuzgange in Regensburg, die fünfte Kunigund liegt eben hier bey den Barfüßern begraben. — Der Grabstein der Frau Mutter dieser 6 Kinder existirt noch bey den P. P. Minoriten, und hat nebst dem zengerischen Wappen folgende Aufschrift: *Anno Domini* 1470. an Sanct Dionysi Abend starb die edle Frau Kunigund, Hainrich Hausfrau, Paulstorferinn.

In Obermünster lebten zu Anfange des 16 Jahrhundertes zwo Paulstorferinnen, welche beyde im Jahre 1522 starben, und deren Gedächtniß durch einen gemeinschaftlichen Leichenstein erhalten wird, der so spricht: Anno Doi 1522 die sexto septembr. obiit Ven. ac nobilis Dna Kunigūdis de Paulsdorff canonissa ac Senio. hui. monasteriL — Anno Dni 1522 die quinto Novemb. Obiit Venlis, ac nobilis Dna Barbara de Paulsdorf Canonissa hujus monasterii. Die erste davon kannte Hund, Stammb. I. Theil, 214 Seite, sie war der Aebtißinn Sibilla Bruderstochter: nicht aber die zweyte.

Die wilhelminische Branche erlosch am ersten. Ihr folgte die albertinische, deren letzter Zweig Wolf war, welcher in seinen Studierjahren zu Paris gestorben ist. Die jörgische Linie gieng zum letzten ab. Stephan Domherr in Regensburg, da er den nahen Untergang seiner Familie sah, verließ sein Kanonikat, und vermählte sich mit Maria Anna von Stingelheim. Hund baier. Stammb. I. Theil, 216 Seit. Jener starb 1597. In seinem prächtigen Leichensteine ließ man folgende Grabschrift: Anno 1597 den 29 Martii starb der Edl und Gestreng Stephan von Paulstorf zu Thürn, und Thürnstain d. g. g. Diese verschied 1628. Ihr Monument drückt sich so aus: Anno Dnl 1628 den 21 May starb die Wohledlgebohrne Frau Maria Anna von Paulstorf zu Thürn, und Thürnstein, eine gebohrne von Stingelheim, Wittib, der Gott genädig sey. Beyde Grabsteine befinden sich bey den PP. Minoriten, die vorher Barfüßer hießen, in deren Kloster die Paulstorfer ihr gemeinschaftliches Begräbniß hatten. Sie hatten sich zu diesem Zwecke eine eigene Kapelle zugerichtet, welche die obige Maria Anna Paulstorferinn renoviren ließ. Es ruhen allda über 12 männliche, und 13 weibliche Sprossen, deren fast eine jede einen besondern Leichenstein hat, davon zeichnen sich einige wegen ihrer Kunst und ihrem Geschmacke ganz besonders aus.

Mich wundert, daß Gauhen in seinem adelichen Lexicon, Seit. 1282, und von Eisinger in seinem baierischen Löwen, Seit. 439, deren jeder sich zum Gesetze machte, von den lebenden adelichen Familien Nachricht zu geben, zweifeln mögen, ob die Paulstorfer noch leben. — Doch man kann, und darf sich von den heut zu Tage so sehr zur Mode gewordenen Wörterbüchern nichts anders, als nur eine oberflächige Kenntniß versprechen.

O

b) **Erhart Weichs** starb 1501, und wurde in Obermünster begraben. Zur Erhaltung seiner Gedächtnis schrieb man auf seinen Leichenstein folgende Schrift: Anno Domini 1501. Jar am Montag nach Letare starb der weis, und vest Erhart Weichser, Pfleger zu alten Eclofsheim, Probstrichter zu Tegernhaim.

§. XLIIII.

Das sechszehnte Jahrhundert.

Katharina von Rädwitz *a)* wurde nach dem Tode der Sibilla von Paulstorf zur abteylichen Würde erhoben. Sie kömmt das erstemal zu Anfange des Septembers vor. Man schritt alsogleich nach dem Tode ihrer Vorfahrerinn zur Wahl. Ihr Geschlechtsname mußte sich verschiedene Abänderungen gefallen lassen. Man nennt sie in den Urkunden Retwitz, Rädwitz, Rondwitzerinn, Rebitzinn. Das Merkwürdigste, so sie während ihrer Regierung unternahm, ist außer allem Zweifel die Besuchung mehrerer Reichstage durch Bevollmächtigte. Sie ließ bey dem zu Speyer 1526 *b)* gehaltenen Reichstage durch den fürstl. bischöflichen Kanzler Augustin Roß *c)*, und 1529 *d)* ebendaselbst durch Konrad Schwabach *e)*, und Heinrich Lewensaw ihre Stimme geben. Kaspar von Gumppenberg Domdekan *f)*, Johann Dietenhaimer Domknich allhier *g)*, und Augustin Roß Kanzler vertraten ihre Person bey dem 1530 *b)* in Regensburg versammelten Reiche, und 1532 *i)* eben allhier auf dem Reichstage führten ihre Stimme der obige Kaspar von Gumppenberg *k)*, und Kristoffel von Paulstorf zu Kürn, und Wissenfeld *l)*.

Im Jahre 1525 den 3ten May erschien sie mit ihren Chorfrauen bey dem vom dem hiesigen Magistrate in der Franziskanerkirche wegen allgemeiner Besteuerung der Geistlichkeit angesagten Congreß, und ließ sich mit der übrigen Geistlichkeit auf eine durch Gewalt abgedrungene Beysteuer ein *m)*.

Sie starb nach einer 28jährigen Regierung 1533 den 27 Nov. Ihr Grabstein führt folgende Aufschrift: Sub anno a Natiuitate Dominica 1533 quin-

to Kalendas Decembris mortem obiit venerabilis Domina Katharina de Rädwitz huius monasterii Abbatissa, cuius anima requiescat in pace.

Vermuthlich versah obiger Kristoffel von Paulstorf unter dieser Aebtißinn das Probstenamt. Sigismund Sinzenhauser Domherr war Pfarrer
zu Obermünster n).

a) Kathrin stammte von den baierischen Rädwitzern ab. Das Geschlechtswappen
dieser Familie enthält einen in drey gleiche Felder horizontal gespaltenen Schild.
Weigel Wappenbuch Part. I, tab. 88.

b) Aller des heil. röm. Reichs gehaltenen Reichstage Abschiede ꝛc. Mayns 1660.
Seite 198.

c) Augustin Roß vertrat auch das Hochstift, und die Reichsstifter St. Emmeram,
und Niedermünster. — §. 22. pag. 196 des Reichsabschieds wurde vom Kaiser,
und Reiche den Prälaten auf fleißige Bitt verwilliget, daß sie eine be-
harrliche geschickte Person, die von ihrer aller wegen am Regiment sey,
verordnen mögen.

d) Ibidem Seite 221.

e) Dieser Schwabach vertrat gemeinschäftlich mit Augustin Roß die Reichsstifter St.
Emmeram, und Niedermünster.

f) Kaspar Gumppenberg war zu seiner Zeit ein sehr thätiger feuriger, und bedeuten-
der Mann, er verdient in jeder Rücksicht das Andenken der Nachwelt, welches
ein bey seiner Asche gesetzter Stein durch folgende Aufschrift unterhält: Monumen-
tum R. D. Casparis a Gumppenberg Ecclesiae Rat. Decani, virtute & genere nobilis, qui ad Ecclesiae, & familiae suae splendorem, & fulcimen natus, rebus bene
gestis praeclarus naturae lege inevitabili urgente animam Deo, corpus terrae, sum-
mo de se relicto desiderio reddidit. Anno sal. MDXXII. die VII. Augusti, cui
Viator bene preceris.

g) Johann Dettenheimer, Domherr in Regensburg machte nicht minder zu seiner
Zeit eine ansehnliche Figur. Er ruht im Domkreuzgange, und sein Monument hat
folgende Aufschrift: R. D. Joanni Dettenheimer D. D. Ecclesiarum Cathedralium
brixinensis Ppto, & Ratisbonen. Canonico, & Scholastico. Anna soror sola omni
ex familia superstes cum lacrimis posuit. Vixit annos LXIII. Obiit XXVIII.
Octobris MDXLVIII.

h) Ibidem Seite 245.

i) Ibidem Seite 277.

k) Kaspar von Gumppenberg stimmte bey diesem Reichstage statt des Abtes Am-
brosius von St. Emmeram, welcher letzterer den Abt zu Hersfeld vertrat.

l)

1) Kristoff Paulstorffer hatte eine Wallerinn zur Ehe. Seine Tochter Clöpel Klosterfrau in Obermünster (so pflegt Hund die Stiftsdamen auch nach Ablegung der Benediktinerregel zu nennen) war eine von den ersten, die sich der Freyheit, ohne Zeremonie aus dem Stifte herauszutreten, und sich zu vermählen, bediente. Hanns Baumgartner, Bürger zu Regensburg ehligte sie, welchem Ehepaare der alte Kristoff 1700 fl. in seinem Testamente verschaffte. Kristoff starb 1548, und seine Frau die Wallerinn 1520. Diese liegt in Regensburg bey den Barfüßern, jener zu Straubing bey den Karmelitern begraben. Hund Stammb. I Theil, Seite 215.

m) Oeff. rer. boic. scrip. Tom. I, pag. 227.

n) Der zum Gedächtniß des Sinzenhaufer aufgerichtete Leichenstein führt folgende Aufschrift: A. D. 1527 18 m Januarii O. Ven. & nob. Dns Sigismundus Sinzenhaufer Can. Eccl. ratisp. sup. monasterii Ratisp. Plebanus.

§. XLV.

Wandula von Schaumberg *a*) wurde nach dem Tode Katharin von Rädwitz den 2ten Dec. noch im Jahre 1533 gewählt. Sie errichtete wegen der in Baiern gelegenen Güter nach dem Beyspiele ihrer Vorfahrerinn einen Vertrag *b*). Den 1542 zu Speyer *c*), und 1545 zu Wormbs *d*) gehaltenen Reichstagen waren in ihrem, und im Namen der Aebtißinn zu Niedermünster Barbara von Aham, Amandus Wolff, und Christoff Schwabach beyder Rechte Lizenziaten zugegen.

Wandula stiftete sich ein ewiges Denkmaal durch Aufrichtung eines kleinen, aus weißem Marmor zusammgesetzten Altars. Es ist in dem mittern Stücke die Entschlafung Mariä von einer sehr künstlichen Hand auf das lebhafteste ausgehauen. Rechts, und links sind in 6 besondern Abtheilungen die vornehmsten Geheimnisse unsrer Erlösung von eben dem nämlichen geschmackvollen Meisel bearbeitet. Unten ist rechts die kniende Aebtißinn, links ihr Geschlechtswappen, ober dem mittern Stücke die Krönung Mariä angebracht; am Fuße des Altars ist folgende Aufschrift zu lesen: Venerabilis in Christo, et nobilis D. D. Wandula de Schaimberg huiuste monasterii Abbatissa singulari erga Deum, Christiparamque intemeratam Virginem Mariam devotióne permota, quorum in laudem ob sui, et omnium fidelium animarum salutem hoc insigne opus sexenni elaboratum officio, artificis manu industri,

pro-

propriis suis non parvis fieri fecit expensis, atque in sui memoriam libere prefate donavit Ecclesie, finemque cepit die vicesima quarta mensis Iunii anno Incarnationis millesimo, quingentesimo quadragesimo.

Diese unvergleichliche Aebtißinn, welche ihrem uralten Stifte den ursprünglichen Glanz durch eine kluge Haushaltung wieder zu geben verstund, starb nach einer 12jährigen Regierung im Jahre 1545, 19ten Nov. die S. Elisabethae, qui fuit dies iovis, und wurde im Chore, wo über ihre Gebeine ein Leichenstein mit dem Geschlechtswappen, doch ohne Umschrift liegt, begraben. Ein anders Denkmaal ihres Gedächtnißes ist auf der Epistelseite am ersten Pfeiler angebracht, welches folgende in gothischem Geschmacke sehr mühesam auf weißem Marmor ausgearbeitete Inschrift enthält:

D. O. M.

Hospes lege, sita est hic Vandula Schamberg, quæ huius collegii antistes, vitæ sanctimonia, christianæ pietatis singulare omnibus suis præluxit exemplum, laboriosa cura, vigilanti industria, & frugali parsimonia id una oium in hanc diem effecit, ut mulier elemosynas pauperibus erogaret, et hoc collegium magnifico cultu ita instauravit, ut e lateritio marmoreum reliquerit, bonis quam plurimis locupletavit. Vide, quæ res sit, opibus ut viatico ad virtutem uti. Abi, bene precare, vale.

Abtißiti optime meritæ familia mœstifs. posuit. Vixit annos LXIII menses X, dies XIX. Præfuit annos XII. Obiit anno salutis nostræ MDXLV.

Unten sind Verse zu lesen, deren Inhalt aber gedankenleer ist, die Schrift aber selbst ist ungleich schlechter gearbeitet. Sie lauten so:

> Debentur tristi mortalia membra feretro
> In cineres iterum diffoluenda putres.
> Ast animam, Superis hec est e sedibus orta,
> Tu gremio mitis, suscipe Christe tuam.

Qui

Qui dare sidereas arces, &. pandere cœlum
Iratumque potes conciliare patrem.
Tu miserere mei, tu da cœlestia regna,
Fac videam celsi gaudia summa poli.

Sie verlohr durch den Tod ihres Frühemeßers Martin Nürnbergers 1537 einen rechtschaffenen Priester *e*).

a) Das Geschlecht von Schaumburg ist kanntlicher unter dem Namen Julbach. Graf Wolfgang scheint der Vater unsrer Aebtißinn gewesen zu seyn. Graf Georg ihr Bruder überlebte sie, und sah über das Jahr Christi 1552, und über das 80 seines Alters hinaus. Im Jahre 1552 bewirthete er den Herzog Albrecht aus Baiern, und seine Hofleute, unter welchen sich der unsterbliche Hund befand, auf seinem Schloße Schaumburg. Man trank nach alter deutscher Gewohnheit recht wacker bey dieser frohen Zusammenkunft. Julbach ein nunmehr gewesenes Schloß nicht weit von Braunau am Innfluß (es wurde selbes in dem wegen des Todsalls Herzog Georg des Reichen von Landshut entstandenen bairischen Successionskriege ausgebrannt) gab dem schaumburgischen Geschlechte den Zunamen Julbach. Schamburg wurde es von einem an der Donau auf einer Anhöhe gelegenen Schloße genannt. Es war dieses Geschlecht eines der ansehnlichsten in unserm Vaterlande, führte den gräflichen Titel schon im 12 Jahrhunderte, und bekleidete im Reiche die glänzendsten Würden. Das einfacheste Geschlechtswappen giebt von dem sehr grauen Alter dieser Familie Zeugniß.

b) Freyherrn von Kreitmaier bairisch. Staatsrecht Seit. 304.

c) Aller des heil. röm. Reichs gehaltnen Reichstage Abschied ꝛc. Mainz 1660. Seite 342.

d) Ibidem Seite 395.

e) Nürnbergers Gedächtniß wird durch folgende Grabschrift aufbewahret: Anno Dni 1537 die — 4to mensis Novembris Obiit honorabilis Vir Dns Martinus Nurmberger primissarius superioris monasterii S. Sebaldi Ratispone, cujus aia Deo vivat Amen.

§. XLVI.

Es wurde die abteyliche Würde nach dem Tode der Aebtißinn Wandula von Schaumburg der Chorfrau Barbara von Sandizell *a*) zu theil. Ihre Wahl wurde den 3ten Decemb. 1545 vom Bischofe Pangratz bestättiget. Sie hatte Georgen von Sandenzell zu ihrem Vater, welcher eine Zeit lang

lang den Herzogen zu Landshut gedienet hat. Hund kannte unsre Aebtißinn sehr wohl, und sprach ihr das unschmeichelhafte Lob einer ruhmwürdigsten Vorsteherinn *b*). Und in der That seit einigen Jahren her erhielt das in seinem Ursprunge so prächtige, in mittlern Zeiten aber so bedrängte Münster seine erste Gestalt wieder.

Barbara schickte zu 4 Reichstagen ihre Bevollmächtigten: und zwar 1548 nach Augsburg Steffen Gottsberger, und Sebastian Nothafft zum Bodenstein *c*), 1551 wieder nach Augsburg Hansen Theplenläß der Rechte Doctor, Generalvikar, und Offizial in Regensburg *d*), 1555 ebendahin Steffen Gottsberger, Sekretär *e*), welchem sie auch 1557 auf dem Reichstage zu Regensburg *f*) ihre Vollmacht ertheilte.

Sie starb nach einer ruhmvollen fast 19jährigen Regierung den 11ten Sept. 1564. Ihr Bildniß ist in einem prächtigen Grabsteine auf das künstlichste, und lebhafteste herausgearbeitet, zu dessen Fußgestelle folgende Aufschrift zu lesen ist:

D. Barbarae a Sandizel Antistiti huius monast. dignissimae hoc monu. p. Vixit, et praefuit optume, multa exstruxit, templum collapsum restituit, quae in dignitate sequuntur virtutes, imitator. Anno MD64 die XI Mensis Septe.

Sebastian Paulstorfer hatte die Ehre, in Obermünster um diese Zeit herum Probst zu seyn, wenigstens zeugt Hund, daß er mit seinem Sohne Hanns Christoph lange Zeit das Probstenamt in Obermünster versehen habe *g*).

a) Man schrieb im 15 Jahrhunderte Sandizenzell. Die Herren von Sandizell haben ihren Zunamen dem auf dem Moß im obern Baiern gelegenen Schloß Sandizenzelle zu danken. Sie theilten sich im 16 Jahrhunderte in 4 Linien, Sandizell nämlich, Großhausen, Wültelspach, und Edelshausen. Barbara sproßte von der ersten ab.

b) Baier. Stammbuch II. Theil, 277 Seite.

c) Aller des heil. röm. Reichs gehaltenen Reichstage Abschied Mainz 1660. Seite 417.

d)

d) Ibidem Seite 492. Die nämlichen Bevollmächtigten vertraten in diesem, und in dem obigen Reichstage das Reichsstift Niedermünster.

e) Ibidem. Seite 520. Dieser Gottsperger vertrat auch den Abt Erasmus von St. Emmeram.

f) Ibidem Seite 626. Abt Erasmus von St. Emmeram unterschrieb den regensburgischen Reichstagsabschied vom Jahre 1557 in Namen aller Reichsprälaten, und Aebtißinnen.

g) Hund baier. Stammbuch II Theil, 216. Seite. Sebastian Paulstorffer starb 1570, und liegt sammt seinen zwoen ersten Gemahlinnen Hewigen Hoferian, und Ursula Raitenbucherinn bey St. Lazarus zu Regensburg begraben. — Sollte man nicht diese außer der Stadt gegen Westen zu gelegene Kirche wegen den eben so vielen, als merkwürdigen Grabstätten baierischer Ritter, und regensburgischer Bürger mit der Zerstöhrung verschont haben? — Christoff Paulstorffer ehelige die Barbara Einzenhoferinn aus dem Kloster Obermünster (wie Hund sich ausdrückt). Er starb bald nach seinem Vater nämlich 1573.

§. XLVII.

Barbara Rätzinn wurde nach dem Tode der verewigten Barbara von Sandizell zur Aebtißinn gewählet *a*). Sie bauete auf ihrem eigenen Grunde in dem baierischen Markflecken Geiselhöring eine heut zu Tage noch wohlbestellte Bräustätte.

Sie ließ sich auch angelegen seyn, durch Bevollmächtigte den Reichstagssitzungen beyzuwohnen. Auf dem Reichstage zu Augsburg 1566 führte Johann Awerbach D. bischöfl. regensb. Kanzler *b*), 1567 zu Regensburg der nämliche Awerbach *c*), und 1577 wieder zu Regensburg Sebastian Newsäßer Leupelbacher *d*) ihre Stimme.

Sie starb 1579 den 17ten Jänners *e*). In ihrem Leichensteine ist nebst ihrem Bildniße folgende Umschrift eingegraben:

Anno Domini 1579 17 Ianuarii Dna obiit veneranda in Christo Dna, Dna Barbara Ratzin, Abbatissa huius monasterii, cuius anima Deo vivat.

a) Rätzen war eine baierische adeliche Familie, und führt gemäß des erst erwähnten Grabsteins einen fliegenden halben Vogl in ihrem Geschlechtswappen. Siebmacher stimmt diesem Entwurfe I Theile, 88 Tab. bey.

b) Aller

b) Aller des heil. röm. Reichs gehaltenen Reichstage Abschied ꝛc. Mainz 1660. Seite 718.

c) Ibidem Seite 783.

d) Ibidem Seite 844.

e) Der Sterbtag der Aebtißinn Barbara Rätzinn ist in dem emmeramischen Todtenbuche so eingetragen: XVI. Kal. Febr. Obiit Barbara Rätzin Abbatiſſa ſuperioris monaſterii.

§. XLVIII.

Es wurde 1579 den 17ten Jänners Magdalena von Gleiſſenthal *a*) durch die Stimmen der Kapitularbamen zur abteylichen Würde berufen. Ihr Bothschafter bey dem 1582 zu Regensburg gehaltenen Reichstage war Adam Vetter von der Gilgen baierischer Rath *b*). Der Tod stürzte sie den 9ten Märzes 1594 nach einer 15jährigen Regierung ins Grab *c*), über welches ein von einer Meisterhand gearbeiteter Grabstein steht, der folgende Grabschrift führt:

Anno Domini 1594 9 Martii obiit reverenda, ac nobilis in Chro Domina, Dna Magdalena Gleisfenthal Abbatisſa huius monaſterii, cuius anima requiescat in pace.

a) Die Familie Gleiſſenthal saß in Meissen. Eine Branche davon ließ sich in Baiern nieder. Man findet einige Grabstätten der Gleiſſenthaler bey den Barfüssern zu Landshut. Meidinger Beschreibung der kurf. Haupt, und Regierungsstadt Landshut Seite 177. — Gleiſſenthal führt für sein Geschlechtswappen einen quabrirten weiß gegen schwarz abstechenden Schild. Die Abzeichnung des Siebmachers 1. Th. Tab. 152 ist dem auf dem Grabsteine entworfenen Wappen sehr ähnlich. Gauhen versetzt die Gleiſſenthaler in die rheinische Pfalz, allein seine Nachrichten machen uns einmal nicht klüger. Sieh adel. Lexicon 2ter Theil 359 Seite.

b) Aller des heil. röm. Reichs gehaltenen Reichstage Abschied ꝛc. Mainz 1660. Seite 884.

c) Es wird dieser Frau Aebtißinn in dem emmeramischen Todtenbuche auf folgende Art gedacht VII idus Martii O. Magdalena a Gleisfenthal Abbatiſſa ſuperioris monaſterii.

§. XLVIII.

§. XLVIIII.

Dorothea von Dobenecka) hatte die Ehre nach dem Tode der Magdalena von Gleiffenthal als Aebtißinn 1594 den 21ten Märzes einzutreten. Sie bestellte Adam Vetter von der Gilgen ihren weltlichen Probsten als Bevollmächtigten bey dem 1594 in Regensburg gehaltenen Reichskonvent b). Der Reichstagsabschied nennt sie gewählte Aebtißinn, und wohl: denn sie wurde erst nach unterzeichnetem Reichsabschiede den 12ten Septemb. 1594 in ihrem Amte bestättiget. In den Jahren 1598, und 1603 wurden wieder in Regensburg die Reichsstände versammelt; Dorothea ernannte für ihre Stimme bey dem ersten Reichstage Andre Hanibalden von Eckersdorf, zu Rottensieben, und Pilsniz, kaiserl. Hofrath c), und bey dem zweyten d) Leonarden Treydwein fürstl. regensburgischen Rath.

Ein Misverständniß mit den Kapitularfrauen, oder andre in adelichen, und unadelichen Kommunitäten nicht ungewöhnliche Kabalen, oder vielleicht eignes Verbrechen entriß der guten Dorothea gar bald die abteyliche Würde. Im Jahre 1607 den 19ten Dec. ist sie nicht mehr Aebtißinn. Mich wundert, daß Gewold ihrer Person in dem von ihm abgefaßten Katalog nicht gedenkt, obwohl sie die unmittelbare Vorfahrerinn derjenigen Aebtißinn war, welche ihm das Verzeichniß der obermünsterischen Aebtißinnen mittheilte. — Oder dachte man etwa damals ihr Gedächtniß zu tilgen? Doch es ist zur Erhaltung desselben ein schöner Leichenstein vor dem Eingange in die Stiftskirche mit folgender Aufschrift gesetzt worden:

An. Dni MDCXXIII die XXVI Iuli O. venerabilis et nobilis Dna Dorothea a Dobenegg, quae tredecim annis huic imperiali coenobio praefuit, cuius anima Deo vivat.

a) Dobeneck eine meißnische Familie führt in einem weißen Feld einen rothen Kardinalshut. Siebmacher I Theil, 151 Tab. — Die Herren von Dobeneck hatten im 15 Jahrhunderte das Schloß Braiteneck in der Pfalz inne. Nikolas ist von daraus ins Sachsen gewandert, und wurde ein Stammvater von mehrern Linien.

b)

b) Aller des heil. röm. Reichs gehaltenen Reichstage Abschied ꝛc. Seite 917.
c) Ibidem Seite 937.
d) Ibidem Seite 987. Abt Hieronymus von St. Emmeram vertrat bey dieser Reichsversammlung nicht nur allein 13 schwäbische Prälaten, und etliche Aebtißinnen, sondern er unterschrieb auch im Namen aller Reichsprälaten, und Aebtißinnen den Reichsabschied. Ibidem 990.

§. L.
Das siebenzehnte Jahrhundert.

Es wurden die Abteyschlüssel nach Absetzung der Dorothea von Dobeneck der Katharina Praxedis von Perchhausen *a*) den 21ten Aug. 1608 anvertraut. Noch vor ihrer Wahl, den 16 Aug. nämlich, wurden einige Reformationsartikel entworfen. Sie wurde den 10ten Oktob. 1613 von dem zu der Reichsversammlung abgeschickten päpstlichen Nuntius, Kardinal, und Bischofe zu Trident Karl in ihrem Berufe bestättiget.

Auch Praxedis machte es sich zur Hauptpflicht, einigen Reichstagen durch ihre Bevollmächtigten gegenwärtig zu seyn. Auf dem Reichstage 1613 zu Regensburg erschien statt Ihrer Martin von der Linden zu Wolffhagen, und Gottersdorf, Probst zu Obermünster *b*), und ebendaselbst 1641 vertrat Johann Sebastian Gazin der Rechte Doktor, fürstl. regensburg. Rath ihre, und die Person Anna Maria Aebtißinn in Niedermünster *c*).

Im Jahre 1625 wurde von kaiserlicher Majestät nachdrücklichst anbefohlen, die in der vorgenommenen Visitation gerügten Punkte genau zu beobachten. — Diese Aebtißinn Praxedis war es, welche dem besten Gewold, der des Hund Erzbißthum Salzburg aufs neue mit Zusätzen herausgab, den zwar sehr unrichtigen Katalog der Aebtißinnen von Obermünster in die Hände lieferte. — Sie erstieg ein sehr hohes Alter, und stund der Abtey mit vielem Ruhme vor. Die Schwachheiten des hohen Alters brachten ihr vermuthlich den Gedanken bey, sich um eine Stütze der abteylichen Bürde umzusehen. Es

wurde

wurde zwey Jahre vor ihrem Tode Maria Elisabeth de Salis zur Gehilfinn gewählet.

Praxedis starb 1649 den 15ten Märzes *d*). Es sind auf ihrem Grabsteine zwo Aufschriften zu lesen, deren eine ihr Gedächtniß, die andre das Andenken ihrer Frau Mutter verewigen. Sie lauten so: zur rechten Seite:

Anno Dni MDCXLVIIII die Menf. XV Martii in Chro pie, et fancte obdormivit Rdma, ac nobilis Dna Dna Catharina Praxedis nata de Perkhauferin, abbatisfa imperialis Monrii Obermünfter Ratisbonæ, cuius animæ Deus fit propitius, et felicisfimam refurrectionem clementer concedat amen. — Electa XXI Augufti anno Dni MDCVIII - Refignavit XXXXI *e*). — Obiit LXXV ætatis fuæ anno.

Zur linken Seite:

Anno Dni MDCXX, XV die Menf. Iunii obiit nobilitate, et virtutibus præclara Dna Erintrudis Perkheuferin, nata Auerin de Winkel, quondam nobilis, ac ftrenui Dni Michaelis Perkheuferi de Weichs piæ memoriæ relicta vidua, cuius anima Deo vivat Amen.

a) Perkhausen. Diese Familie ist bekannter unter dem Name Parkhauser Weichs-Siebmacher rechnet sie unter die baierischen Geschlechte. Ihr Wappenschild ist perpendikulär durchschnitten. Rechts und links wird das Feld durch zween Querbalken getheilt.

b) Aller des heil. röm. Reichs gehaltenen Reichstage Abschied ꝛc. Seite 999.

c) Ibidem Seite 1026.

d) Der Sterbtag Praxedis wird in dem emmeramischen Todtenbuche so angemerkt: Idib9 Martii obiit Rdma Dna Catharina Praxedis Abbatiffa fup. Monafterii zo. 1649.

e) Vermuthlich will dieß sagen: Praxedis hat im 41ten Jahre ihrer Regierung die Abtey resignirt. Sie hätte sich diese Mühe ersparen können, indem ihr der Tod im Jahre 1649, welches mit dem 41ten ihrer Regierung läuft, das Leben, und alle mit demselben verbundene Mühseligkeiten auf einmal abnahm.

§. LI.

§. LI.

Der Tod der Aebtißinn Praredis öffnete der bisher gewesenen Koadjutrir Maria Elisabeth de Salis die Thüre zum Antritt der wirklichen Regierung. Sie wurde 1647 im Märzen gewählet, und in ihrem durch die Wahl erlangten Rechte 1649 vom Bischofe bestättiget. Das Bestättigungsinstrument zeugt von ihrer Wahl, daß sie per inspirationem diuinam geschehen sey. Dieß läßt sich von jeder Wahl, zu der die menschlichen Kaballen keinen Zutritt finden, behaupten. — Bey dem in Regensburg 1654 gehaltenen Reichstag führte ihre, und die Stimme der Frau Aebtißinn zu Niedermünster Maria Margreth von Sigertshoffen Mathias Wolsching b. R. Doktor *b*). — Man gab ihr das fürstliche Prädikat. Elisabeth starb den 4 Octob. 1683 *c*). Man findet ihren Grabstein auf der Epistelseite der Stiftskirche, der sich mit diesen Worten ausdrücket:

Anno Dni MDCLXXXIII die Mensis Octobr. IV in Chro pie, et sancte obdormivit Reverendissima, et Nobilissima Dna Dna Elisabetha nata Dna de perilluftri profapia Dominorum de Salis, Abbatissa imperialis collegiatæ Ecclesiæ Canonissarum in Obermünster, cuius animæ sit Deus propitius, et æternis gaudiis eam clementer perfrui concedat.

a) De Salis eine vortrefliche schweizerische Familie. Sie prangt heut zu Tag mit der gräflichen Würde Um diese Epoche herum waren die salischen Zweige in Regensburg sehr berühmt. Es stund eines davon dem Stifte Niedermünster vor, und starb 1652, 12 Junii. Der Leichenstein präsentirt das sehr künstlich ausgehauene Bildnis dieser Aebtißinn, welche sich Anna Maria nannte — Das bey den PP. Augustinern noch vorhandene prächtige Monument des in Wisma den 22 April 1639 umgekommenen Generals Wolfgang von Salis verdient alle Aufmerksamkeit.

b) Abschied auf dem Reichstag zu Regensburg 1654 Seite 94.

c) Das emmeramische Todtenbuch kündigt ihren Sterbtag mit folgenden Worten an: V Idus Octobris Maria Elisabetha de Salis Abbatissa superioris monasterii obiit.— sepulta 11 Octobris 1683.

§. LII.

§. LII.

Maria Theresia von Sandizell wurde nach einer 35tägigen Zwischenregierung von dem adelichen Kapitel zur Aebtißinn, und Reichsfürstinn im Jahre 1683 den 8ten Nov. gewählet. Sie war Sternkreuzordensdame, und hatte das Glück durch fast 36 volle Jahre ihre Regierung fortzusetzen. Der mit Stuckadorarbeit herrlich gezierte Chor, und Saal haben ihre Entstehung dieser Fürstinn zu danken. In letzterm sieht man die Geschlechtswappen der im Stifte aufgeschwornen Damen.

In dem spanischen Successionskriege legte die Fürstinn Maria Theresia dem Hause Oesterreich, welches damals Baiern inne hatte, viele Gründe für die Exemption ihrer in Baiern liegenden Güter vor die Augen a). Nach dem baadischen Frieden aber begab sie sich wieder zur Ruhe. — Ihre Stiftsdamen hatten eine kleine Differenz mit den niedermünsterischen Chorfrauen. Diese behaupteten bisher vor den Obermünsterischen die Präcedenz b). Lezte wiedersprachen den Ersten, und verlangten hinfüran den Platz bey den öffentlichen Gesellschaften nicht nach dem Range des Stiftes, in welchem sie aufschwuren, sondern nach der Zeit der Aufschwörung einzunehmen. Die Sache kam zwar den 29ten Nov. 1691 zum Reichshofrath: sie wurde aber in Frieden ausgeglichen, und die alte Observanz zum Grunde der Ausgleichung genommen.

Maria Theresia trat in die Ewigkeit als eine für ihr Stift sehr verdiente Aebtißinn im Jahre 1719 den 13ten Oktob. hinüber c).

a) Moser in seinem deutschen Staatsrechte Tom 36, pag. 485, und Professor Ehlingensperg, welcher über diese Sache eine Abhandlung lieferte, scheinen weder von dem wahren Systeme, und den wichtigen Gründen, noch von den Absichten, und ganzem Hergang der Sache genugsame Kenntniß gehabt zu haben, oder es fehlte ihnen der ächte Begriff davon. Baiern übte bis dahin diejenige hohe Advokatie über die reichsstiftischen Güter aus, welche ehedem von Ottone Palatino majore unter der Aebtißinn Hadewig (Sieh §. XIII.), und sodann von dessen Sohne Ludwig unter den Aebtißinnen Eufemia (sieh §. XIIII.), und Mathild (sieh §. XVIII.) nach Maße und Ordnung des karolingischen Diploms (sieh §. III.) übernommen worden ist. Nun da Kurfürst Maximilian nicht mehr in dem ihm gebührenden Besitze seiner Rechte war, sondern eine fremde Potenz, welcher das Stift wie eine Advokatie ausgetragen hat, dirselben sich zueignete, wer kann der vorsichtigen Aebtißinn Sandizell zum Verbrechen anrechnen, daß sie die Exemption ihrer Güter mit überzeugenden Gründen zu erweisen, und zu bewirken sich bemühet hat?

b)

b) Obermünster hatte wenigstens noch zu Anfange des 13 Jahrhundertes den Rang vor Niedermünster. Im Jahre 1216 erschienen beyde Stifter bey dem Reichstag zu Würzburg, dieses zwar in der Person seiner regierenden Aebtißinn, jenes durch einen Prokurator. Sieh oben §. XVI. — Richtig ist es, daß die gegenwärtigen Stände allezeit den Vorsitz vor den Abgeordneten der Abwesenden hatten. Niedermünster genoß diesen Vorzug nicht nur bey dieser Gelegenheit, sondern dasselbe hat auch seit dieser Epoche allezeit den Rang vor dem ältern Stifte Obermünster behauptet. Letzteres demnach büßte unglücklicher Weise durch diesen Zufall ein ihm eigenthümliches Recht auf ewig ein.

c) Ich übergehe die Grabschrift dieser, und der folgenden fürstlichen Aebtißinnen. Sie sehen mehr einer Leichenrede, als Grabschrift gleich, und sind vollkommen nach dem Geschmacke des laufenden Zeitalters abgefaßt, die folglich uneingeschränkte Lobsprüche auf die dem weiblichen Geschlechte ganz eigene Frömmigkeit enthalten.— Es wird mir erlaubt seyn, die Grabschrift eines obermünsterischen Pfarrers, dem zwar nicht eine lange Reihe der Ahnen, wohl aber die strengste Erfüllung seines heiligen Berufes der denkenden Nachwelt empfiehlt, hieher zu setzen: Sie ist bey den PP. Augustinern außer dem Kreuzgange zu finden, und lautet so: Multum Reverendus P. Simplicianus Daurer, Ord. Eremit. S. P. Augustini, concionator in Obermünster & ibidem ad S. Dionysium Parochus, qui cum tempore pestis parochianis suis sacramenta administrando munus boni, ac zelosi Parochi expleret, ipse peste correptus, velut bonus pastor, animam suam pro ovibus posuit, in hoc nostro monasterio mortuus, & sepultus ao 1713.

§. LIII.
Das achtzehnte Jahrhundert.

Es wurde nach dem Tode der Fürstinn Maria Theresia von Sandizell durch eine glückliche, und einmüthige Wahl die Stiftsdame Magdalena von Dondorf *a*) auf die Stuffe der fürstlichen Würde den 22ten Nov. 1719 gesetzet. Sie war Sternkreuzordensdame, und genoß das seltene Loos, durch einen Zeitraum von 45 Jahren dem Stifte vorzustehen. Sie trat eben so reich an Verdiensten, als schwer von Jahren den 11ten Julii 1765 die frohe Ewigkeit an.

a) Der Herr Vater dieser fürstlichen Aebtißinn Johann Leonard Nicolaus hat zuerst das Rittergut Rommelsreuth besessen. Seifert in seiner Ahnentafel part. II liefert vom Jahre 1736 an bis weiter hinauf ein ordentliches Stammregister von diesem Geschlechte. Man kann auch des Benediktiners Buzelin Stemmatographie IV part. pag. 56 einsehen, welcher eine genealogische Tabelle von den fränkischen Dondorfern entworfen hat.

§. LIV.

Den 26sten Aug. im Jahre 1765 wurde durch einstimmige Wahl Maria Francisca von Freudenberg *a*) die fürstliche, und abteyliche Würde über-

tragen. Sie bereicherte ihr untergebenes Stift eben so sehr durch ihre berufs-
mäßige, und exemplarische Aufführung, als durch ihre väterliche, und groß-
mütterliche Erbschaft, zu deren Erbe sie das Reichsstift einsetzte, und dadurch
hat ihre Sorgfalt, und Großmuth eine neue Präbende für ein adeliches Fräu-
lein gestiftet. Sie starb jünger an Jahren, als an Verdiensten den 7ten Okt.
1775 nach einer zehnjährigen Regierung.

    a) Aventin, und Hund belieben an der Spitze der heute noch blühenden freyherr-
lichen freudenbergischen Familie Wezil den Sohn des Grafen Babo von Abensberg zu setzen. In den von mir rein ausgesuchten baierischen Dokumenten finde
ich zwar öfters einen Wezil (codex tradit. S. Emmer. cap. 67, 90, 91.), aber
keinen Herrn, den ich für einen Sprossen Wezils mit Ueberzeugung ausgeben könnte.
Für die unmittelbare Abstammung Wezils von Babo steht nur der einzige Aventin gut, dem endlich auch nicht die Erscheinungszeit Wezils widerspricht, so daß
man aus diesem Grunde her diesen für einen Sohn Babens gelten lassen könnte.
Aber wie seicht ist diese Probe!

    Hund giebt zwar von nicht wenigen Herren von Freudenberg, welche das 11, 12,
und 13 Jahrhundert angefüllet haben, Zeugniß, ja er setzt fast das vollkommene
Geschlechtsregister von dieser Familie, die sich in zwo Tranchen abgetheilet, und
deren jede einen Sohn Ulrichs von Freudenberg zum Stifter hatte, bis zu seiner
Zeit fort. So verdächtig mir die hundischen Herren von Freudenberg bis auf Albrecht, welcher um das Jahr 1354 erscheint, vorkommen, so wenig bin ich im
Stande richtigere Nachricht davon zu geben. In unsern baierischen Monumenten,
in welchen so viele baierische Edelleute erscheinen, tritt kein Herr von Freudenberg
weder in ältern, noch jüngern Zeiten auf. Es wird also schwer fallen die von
Hund angegebene Geschlechtsfolge dieser Herren von Albrecht an bis auf seine Zeiten zu verbessern.

    Die Erscheinung mehrerer Herren von Friundsberg in baierischen Urkunden von jedem
Jahrhunderte ist nicht selten. Allein diese Herren gehören nicht unter das freudenbergische Geschlecht. Sie machen ein besonders, und von dieser Familie ganz
entferntes Haus aus, welches ihr Stammgut in Tyrol hatte, und von demselben
den Namen Freundsberg führt. — Dieß habe ich nicht unbemerkt lassen wollen,
damit man von der etwelchen Aehnlichkeit der Beynamen nicht verführt, ein Geschlecht mit dem andern, so keine Verbindung gegen einander hat, vermische.

    Der letzte männliche Sproß der freudenbergischen katholischen Linie liegt in der Pfarr-
kirche St. Ruprecht in Regensburg begraben. Es ist dieser Herr Anton Freyherr
von Freudenberg, hochfürstlicher Thurn- und Taxischer Hofcavalier. Er starb den
10 Junii 1750, und war ein leiblicher Bruder der Fürstinn Maria Francisca Josepha sel. Gedächtniß. — Das Wappen der Herren von Freudenberg stellet einen
horizontal gespalteten Schild vor, dessen oberes Feld von Silber, das untere aber
roth ist. Die heutigen Herren von Freudenberg damasciren beyde Felder. Dieses Wappen kömmt in einigen Stücken mit dem abensbergischen überein, und ist
dieß vielleicht die wichtigste, doch nie hinlängliche Probe, daß die freudenbergische
Familie mit sehr vielen andern Geschlechtern einen gemeinsamen Vater an dem
weltkündigen Babo habe.

§. LV.

§. LV.

Endlich nach dem Tode der um das Stift Obermünster verdientesten Fürstinn von Freudenberg wurde durch eine gesegnete Wahl die heut zu Tage glücklich regierende Hochwürdigste Fürstinn **Maria Josepha Felicitas von Neuenstein** a) zur Fürstinn des heil. röm. Reichs, und Aebtißinn des adelichen Reichsstiftes Obermünster von den Kapitulardamen den 21sten Nov. 1775 gewählet. Hochdieselbe machen ihrem Geschlechte, und Würde Ehre, und entsprechen in dem vollkommensten Grade den hohen Absichten, welche die wählenden Damen bey dem Wahlgeschäfte zum Leitfaden ihrer Stimmen zu nehmen verbunden sind.

Maria Josepha zeichnet sich nicht nur allein durch gesetzte Gottesfurcht, und herablassende Menschenliebe, sondern auch durch weise Verwaltung ihres erhabenen Amtes, und rastlose Sorgfalt in Beförderung des Wohls ihres Stiftes aus. Was weit über die Sphäre ihres Geschlechtes hinaus ist, so ist Sie eine außerordentliche Gönnerinn diplomatischer Wissenschaft: Sie hat die Bruchstücke und Trümmer zerstreuter Grabsteine adelicher und unadelicher Personen zusammensuchen, und in eine ordentliche Reihe aufsetzen lassen. Vorzüglich aber hat Sie zum nachahmungswürdigsten Beyspiele die wichtigsten diplomata, codices, und andre Dokumente ihres Stiftes aus dem mehr denn hundertjährigen Staube, aus der äußersten Verwirrung mittelst eigner Beyhilfe hervorgesucht, und copiren lassen. — O möchte doch dieses herrliche Beyspiel manchem Stifte, und Kloster, welche ihre Archive aus einem heimlichen Mistrauen, oder anderm nichtigen Vorwande verschlossen halten, und ihre Dokumente dem fressenden Staube preis geben, die prächtigsten Grabsteine verschleppen, oder gar um Geld dahin geben, die Augen öffnen!

Nachdem nun die einsichtsvolle Fürstinn ein neues Archiv und Registratur hergestellt, und beyde wider alle Feuersgefahr bestens geschützet; nachdem Sie zur Ehre Gottes eine neue, und die niedlichste Pfarrkirche gesetzet hat; so bauet Sie sich eine fürstliche Wohnung, in welcher gemäß aller Anlage, alle ersinnliche Ordnung, Bequemlichkeit, und Geschmack herrschen wird. Nicht minder läßt Sie wirklich zur Sicherheit der Registratur dem Beamtenhause zu Sallach eine neue Gestalt geben. Dieses neue Gebäude, und die neue fürstliche Residenz prangen mit Aufschriften, an deren Spitze die fürstliche obermünsterische Stifts- und die von neuensteinische Geschlechtswappen angebracht sind. Sie sind folgendes Innhalts. In der Residenz:

D. V. R. C. PATR. S. M.

Maria Iosepha Felicitas S. R. I. P. Dna, et Abba Sup. Mon. nata de Neuenstein hanc Ecclesiam Parochialem S. Dionysii cum attingente Residentia Principalis Abbatiae restaurari, altius aedificari, et magnam partem funditus exstrui fecit ab anno MDCCLXXXIV.

In der Probstrichterswohnung zu Sallach:

Maria Iosepha Felicitas S. R. I. P. Dna et Abba sup. Monast. Ratisb. nata de Neuenstein has aedes Praefecti sui ministerialis in Sallach pene ruinosas, et archiuo carentes ad salvandum praecipue ab interitu scripturas cum attingentibus aedificiis restaurari, et maximam partem funditus exstrui fecit annis 1785 et 1787.

Die göttliche Vorsehung verleihe dieser würdigsten Fürstinn, und frommen Aebtißinn sehr zahlreiche Lebensjahre, den Genuß einer ununterbrochenen Gesundheit, und den längsten Period einer glücklich zurück gelegten Regierung.

a) Neuenstein ein vortrefliches altes Geschlecht stammet aus der Schweitze ab, wo sein Stammschloß gleiches Namens in dem Kanton Schweitz zu finden ist. Rudolph von Neuenstein hat sich sehr berühmt gemacht. Er überzog im Jahre 1411 mit Heinrich zu Rhein die Herzoge von Oesterreich mit Kriege, weil er wegen dem in dem Baslerkriege erlittenen Schaden keinen Ersatz, und keine Genugthuung erhalten konnte. Allein das Kriegsglück war ihm so ungünstig, daß er nicht nur allein seine Schlößer Blauenstein, Fürstenstein, und Neuenstein verlohr, sondern auch von seinem Vaterlande auf ewig Urlaub nehmen mußte. Er ließ sich also in Schwaben nieder. Von diesem allen giebt der berühmte Stumpf in seiner bekannten Schweitzerchronick lib. XII, cap. XXXVI Zeugniß. — Dieß schildert uns die Macht und das Ansehen der Herren von Neuenstein von ihrem Ursprunge an, bis zu ihrem Auszug aus der Schweitze hinlänglich ab. In der neuen Provinz, welche sie zu ihrem künftigen Vaterlande wählten, erwarben sie sich gar bald neues Ansehen. Noch in dem Jahre 1693 waren Johann Heinrich, und Hermann Dietrich Directoren der schwäbischen Ritterschaft am Neckar. Bucelin schrieb ein Stammregister von diesem alten adelichen Geschlechte von Johann Georg, und seinen Brüdern, bis zum Obrecht von Neuenstein hinauf, zusammen. Stemmatog. Part. III, pag. 376. — In der Fortsetzung desselben würde nebst der dermal in Obermünster regierenden Fürstinn, Hochderselben würdigster Herr Bruder Ruprecht von Neuenstein, welcher in hochfürstlichen Stifte Kempten mehrere Jahre hindurch die Stelle eines Großdekans einnahm, und endlich wegen seinen ausnehmenden Verdiensten den 27 Dec. 1785 zum Reichsfürsten, und Abten gewählt worden ist, nicht minder Herr Joseph von Neuenstein beyder hohen fürstlichen Geschwistern Nepot, der den 1 Junii 1787 als Domherr in Regensburg aufschwur, die glänzendsten Plätze erhalten. Zu bedauern ist es, daß der frühzeitige Tod, die hofnungsvolle Schwester des Letztern Mariam Antoniam von Neuenstein, Stiftsdame in Obermünster unter den Augen, und aus den Händen ihrer erhabenen Tante den 12 May 1785 in die Ewigkeit entführet hat.

Das neuensteinische Wappen ist sehr einfach, und führt im schwarzen Felde ein goldnes Rab.

Die vorkommenden Druckfehler sind also zu verbessern:

Seite	Zeile		
7	2	abhandelt	handelt
—	8	Wieburg	Wicburg
13	14	Knische	Knich
17	9	einer	eine
20	24	1170	1177
23	19	darf ich der Tugend nach	darf ich der der Tugend nach
26	15	Not. 6.	Not. b
28	17	16 Junii	16 Julii
32	9	Not. 6.	Not. b
36	23	Teuchtenbing	Truchtleubing
39	23	die Bestättigung	dessen Bestättigung
53	15	für ein	vor einem
55	3	jener	jene
—	29	Häuser	Hauus
58	12	fer.	fer. V.
—	25	dieser	diese
—	39	Not. o	Not. p
80	15	Jrrapolis	Jerapolis
89	27	§. XXXV. Not. a	§. XXXVI. Not. a
95	4	Sackendorferinn	Seckendorferinn
104	33	defendendi	defendend.
116	17	Parthauser	Perthauser

Die übrigen minder wichtigen Druckfehler wird der Leser selbst gütigst verbessern.